コアで攻略する

CORE

英文法の教科書

慶應義塾大学名誉教授
田中茂範
監・著

弓桁太平
乃木きの

The Visual Guide to the English Language
for Learners of English

Gakken

CONTENTS

PROLOGUE
はじめに

法力なくして英語力はありません。しかし、多くの人が「英文法がわからない」とこぼし、英語が使えるようになる前に、英語の学習に挫折してしまうということが起こっています。これは今も昔も同じです。

文法力を身につけるには、「なるほど」という「実感をともなう理解」が前提になりますが、多くの人は、英文法は理屈ではなく覚えるものだと考えているようです。丸暗記では、英文法の世界の面白さは伝わらないし、わかる文法にはなりません。

そこで、丸暗記ではなく、「文法の本質」が理解できるような学習書を作りたいと考えました。そして、その思いを実現したのが本書です。本質がわかれば、文法が面白くなってくるはずです。たとえば、「現在完了形は『have ＋過去分詞』で表す」と習います。しかし、どうしてhaveなのでしょうか。この質問に対して、「覚えるしかない」では、現在完了形の本質はわからずじまいです。have がその本質を理解する鍵だからです。

本書では、取り上げた文法項目の本質を「コア（核心）」として表現します。そして、本書では、イラストが豊富に用いられています。文法の本質を示すのにはイラストが最適だと考えているからです。コアとイラスト、そして説明文が組み合わさって、「わかる英文法」の本ができたのではないかと思います。

なお、本書は、『英語イメージ大図鑑』の姉妹書です。『大図鑑』が感覚的に文法力を身につけることを目指したのに対して、本書では『教科書』と名付けている通り、コアを意識しながら「深掘り解説」を読んで「なるほど」と納得し、より確かな文法力にしていこうという狙いがあります。なお、『図鑑』から『教科書』に至る一連のプロジェクトは学研編集長の高橋龍之助さんを中心に行われました。ひとりでも多くの読者に「これなら英文法もわかる」「英文法は面白い」と感じていただければ、嬉しいかぎりです。

著者　田中茂範

本書は2016年に刊行された『イメージでわかる表現英文法』の内容を再編集し、デザインやレイアウトをリニューアルしたものです。本書がみなさまの英語学習の一助となれば幸いです。

本書の基本コンセプト

本書で紹介する語や文法の『**コア（本質）**』を理解することで、イキイキとした英語が使えるようになります。本書では、コアを直感的にイメージできるビジュアルで解説しています。

語も文法も「コア」をおさえれば、「理解」して「納得」ができます。そして、応用ができます。こうして得た英語力は、かならず英語表現の要になるはずです。

コア学習をするうえで、次の２つはとても重要な原則です。このコア学習の二大原則をしっかりと頭に入れて、イキイキとした英語を使えるようになるためのコア学習を進めましょう！

コア学習の二大原則

❶
形が違えば意味が違う

❷
形が同じなら共通の本質的な意味がある

PART 1

コア

威力

この本の目的は、みなさんに「話す」「書く」をはじめとした、表現するための「表現英文法」を習得してもらうことです。そのためには、まず英語と日本語は「一対一対応」していないということをおさえる必要があります。

表現英文法とは

訳語との一対一対応には限界がある

本書は、試験などで点数を取ることが目標ではなく、実際に英文法を使い、英語を**「話せる！ 書ける！」ようになるのを「ゴール」**に設定します。このゴールに導くための英文法を、従来の受験英文法と区別し、**表現英文法**と呼びます。表現英文法を学ぶにはまず、put＝「置く」やon＝「上に」などといった、「英語と日本語が**一対一対応**している」という考えからの**脱却**が必要です。

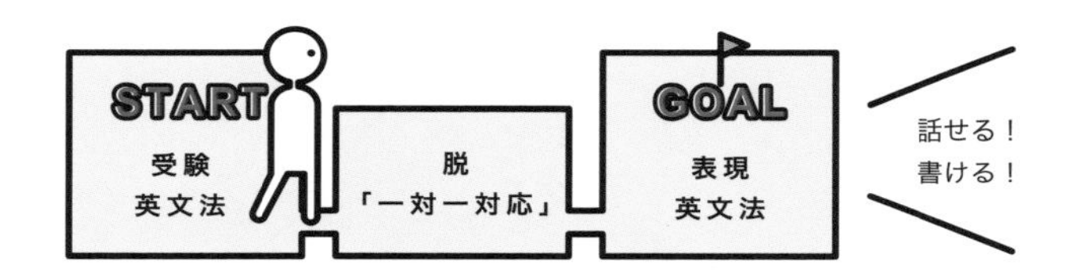

「基本語力」と「コア」による本質的理解

本書は英文法の本ですが、ひとまず、この PART 1 では(「文法」の話の前に)「**語**」に焦点を当てて話を進めます。まずここでは、put＝「置く」、on＝「上に」ではない……ということから学びます。さっそくみていきましょう。

語彙を学ぶことは、言語学習の基本とよく言われます。ところで、これは知っていますか？「**基本語**」と呼ばれる、**中学校で習うような語彙が、ネイティブスピーカーの会話の8割を占めている**ということ。「中学英語」などとあなどってはいけないのです。これだけ使用頻度が高いのですから。

さて、だとすれば、このように考えられませんか？ **「基本語」をしっかり学ぶことが、「話せる！ 書ける！」へのアクセルになる**というふうに。事実、この「**基本語力**」が、表現のうえで、きわめて重要な役割を担っています。ところで、基本語といえば、「色々な意味があって複雑」と言われることが多いですよね。たしかに、辞書で基本語をどれか引いてみれば(ためしに take を引いてみてください)、10個以上もの「意味」が出てくるものもあります。でも、本書では基本語は「**単純であいまいである**」と考えます。「両手で数えきれないほど意味があるのに『単純』ってことはないだろう……」と不思議に思うかもしれませんね。理由はこうです。**どの基本語も単純であいまいな1個の本質的な意味があるだけだから**です。それぞれの基本語がもつ**1個**の中核となる意味、これを「**コア**」と呼びます。**コアは語の本質的な意味であり、文脈に左右されません。**

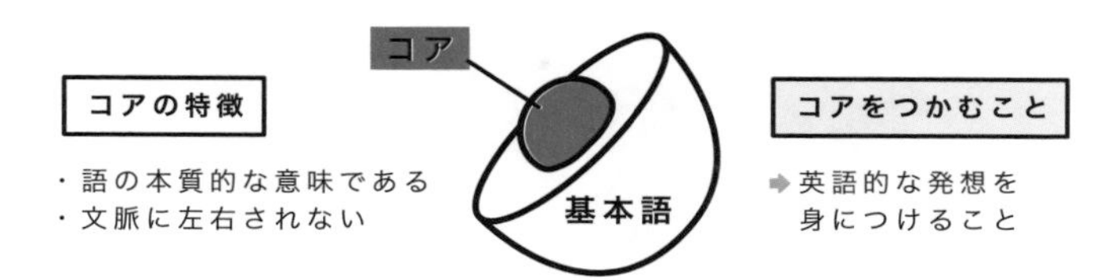

このコアをつかむことこそ、英語的な発想を身につけるための最も大切なプロセスなのです。まずは、put を例にとり、PART 1 のテーマである「**コアの威力**」を体感してみましょう。

put の「コア」を理解する

まずは、辞書で put を引いてみることからはじめます。「置く・入れる・塗る・課す・～のせいにする・記入する・翻訳する……」など、たくさんの「意味」が出てきましたね。これを見て、みなさんはどう感じましたか？ 学生時代に味わった苦々しい思い出がよみがえった人、心を無にして、そっと天を仰いだ人など、さまざまでしょう。なかには、「これだから英語の勉強は嫌いだ……」と早々にやる気が萎えかけてしまった人もいるかもしれませんね。

これらたくさんの「意味」は、put が日常生活のさまざまな文脈で使われ、その文脈に添って、put を日本語にしたときに多くのコトバをあてがわれ得るということを意味します。ところが、多くの人は、**辞書の一番上に載っている「置く」だけをとりあえず覚えて、「put ＝置く」となったところで学習を終えてしまう**のです。

しかし、それだけで、次のような幅広いシチュエーションで使われる put をきちんと理解できるでしょうか。

I'll put an advertisement in the newspaper.
（新聞に広告を載せるんだ。）

「put ＝置く」としか覚えていないと、少々理解に苦しみますよね。これでは、put をイキイキと使えない……。とすると、いつまでたっても、「ゴール」にたどり着けない……。

ここで、コアの出番です。put の CORE は「**何かをどこかに位置させる**」です。

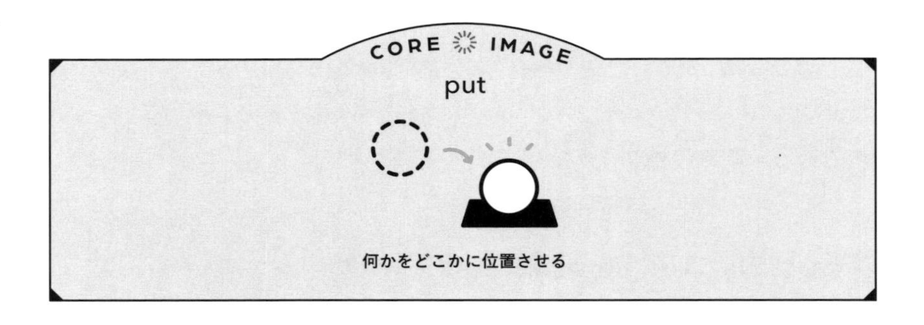

「何かを」だけでなく「**どこかに**」という情報が必要だということがポイントです。机に本ならば「置く」、花びんに花ならば「生（い）ける」、壁に時計ならば「掛ける」、箱にリンゴならば「入れる」となります。“She put a ribbon in her hair.” といえば、リボンを髪に「付けた」といった意味になります。

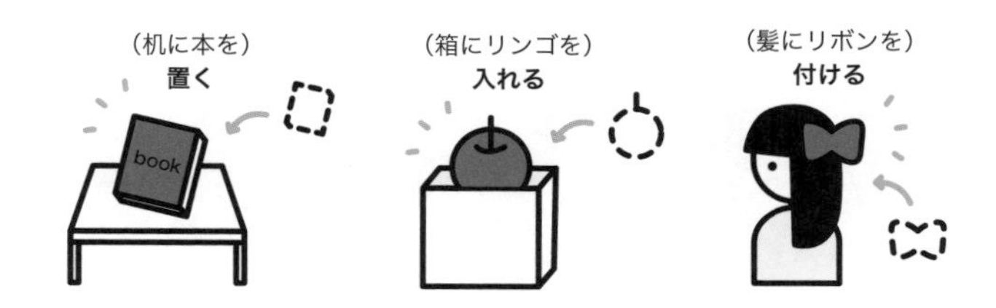

いかがでしょうか？ さきほどの「新聞に広告」の例も、これならば理解できませんか？ putの世界が一気に広がるのを感じられれば、しめたものです。同時に、これまで「put＝置く」とだけ覚えていたとすれば、（表現の）可能性に蓋をしていたということがわかりますか？ 壁に時計を「掛ける」ときに、または髪にリボンを「付ける」ときに、putが出てこなくなってしまうわけですから。だからといって、辞書に載っている意味を全部丸暗記するのは現実的ではありませんね。学ぶべき基本語はput以外にもたくさんあることを考えると、その方法はどだい無理なのです。もうおわかりですね？ だからこそ、基本語のCOREを学ぶのが合理的で賢明なのです。

PART 1

話をもとに戻します。「**何かをどこかに位置させる**」がputのCOREでしたね。次の例文をみてください。

She put a picture in the envelope and put an 84-yen stamp on it.
（彼女は封筒に写真を一枚入れて、84円切手を貼りました。）

この場合「（写真を封筒に）入れる」と「（封筒に切手を）貼る」のどちらもputで表現されています。しかし、「入れる」や「貼る」がputの本質的な意味ではありません。これらは英語のputを使って表現している状況を、日本語で表現したものの1つにすぎません。

「置く⇒ put」とも言えない

putを理解するポイントは、「**どこかに(移動先)**」の情報が後ろに必要だということはすでに説明しました。これは、「put ＝置く」では到底説明できない領域です。日本語で「置く」と言う場面でも、英語ではputで表現しない場合も多くあります。たとえば、店の主人に、「マヨネーズを置いていますか？」と聞く場面では、“Are you putting mayo?” とは言えません。“Do you have mayo?” などと聞くのが適切です。「電車の中にスマートフォンを置いてきた」という状況も、“I put my smartphone in the train.” とは言いません。“I left my smartphone in the train.” です。“I put my smartphone in the train.” では、「スマートフォンを電車の中に入れた」のような「**意図的に**入れた」ように響きます。

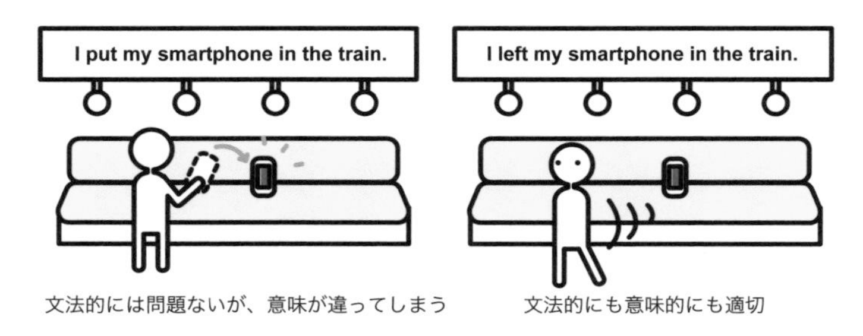

文法的には問題ないが、意味が違ってしまう　　文法的にも意味的にも適切

putの「コア」を感じる

ほかにもputが使われている表現を見てみましょう。「**何かをどこかに位置させる**」のCOREをしっかりと意識してください。

Put your hand under the tap.
(手を蛇口の下にかざしてください。)

The little girl is putting some coins into the piggy bank.
(小さな女の子がコインを何枚か子ブタの貯金箱に入れています。)

She put some eye drops in her eyes.
(彼女は目に目薬をさしました。)

Could you put a bit more sugar in this tea, please?
（この紅茶にもう少しお砂糖を入れてもらえますか？）

いかがでしょうか。日本語訳にすると、「かざす」「入れる」「さす」などですが、どの表現もしっかりと put らしさが活きていますね。put の CORE の「**何かをどこかに（動かして）位置させる**」を感じてください。

put をさらに使いこなす

「コアの威力」はこんなものではありません。さらにディープに使いこなしていきましょう。put の CORE「**何かをどこかに位置させる**」の「**どこかに**」の部分ですが、これは物理的な場所だけではなく、**心理的**な「場所」を設定することもできるのです。ここまで理解すれば、put をモノにしたのも同然です。

PART 1

I put Mark Twain among my favorite authors.
わたしはマーク・トウェインをお気に入りの作家の中に位置させます。
（マーク・トウェインはわたしのお気に入りの作家の一人です。）

この文では「お気に入りの作家の中に」というのが「どこかに」の部分にあたります。これは「蛇口の下に」「貯金箱に」「この紅茶に」などの具体的な場所とは違い、もっと抽象度の高い、いわば**心理的な「場所」**ですね。心理的な「どこかに」も put の後ろに続けることができるのです。

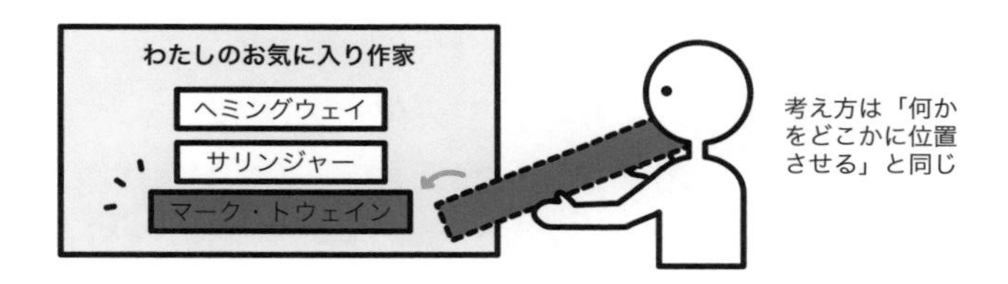

このような例を、ほかにも見てみましょう。

That story would put her into shock.

その話は彼女をショックの中に位置させるだろう。

（その話で、彼女、ショックを受けるだろうなぁ。）

Her nagging always puts me in a bad mood.

彼女の口やかましさはいつもわたしを悪い気分の中に位置させる。

（彼女のガミガミにはいつも気分が悪くなるよ。）

Put yourself in my place.

君自身を僕の立場に位置させてよ。

（僕の立場になってみてよ。）

どれも、とても英語らしい発想でputが使われています。「put＝置く」としてしまうことが、どれほどputの可能性をせばめていたか、わかっていただけましたか？　これからは、より英語らしい発想で、コアを意識してみましょう。

「熟語は丸暗記」から抜け出す！

ここまで、基本語をCOREで捉えることの効果を説明してきましたが、基本語のコアを学ぶことで、もう1つ絶大な効果があります。ここからは、その効果について説明していきます。

基本語のコアを学ぶもう1つの効果は、**「熟語の丸暗記」から解放されること**です。たとえば、“put A into B[＝言語]”で「AをBに翻訳する」、“put A before B”で「AをBより優先させる」といった熟語を丸暗記した記憶のある方も多いと思います。ところが、これらの表現、本当に**丸暗記**するしかない定型表現なのでしょうか？　まずは“put A into B[＝言語]”で「AをBに翻訳する」になる例についてみてみましょう。さきほど学んだputのCOREを駆使しながら、次のように考えてみてください。

How do you put that Italian expression into Japanese?

どのようにそのイタリア語の表現を日本語の中に位置させますか？

（どのようにそのイタリア語の表現を日本語に翻訳しますか？）

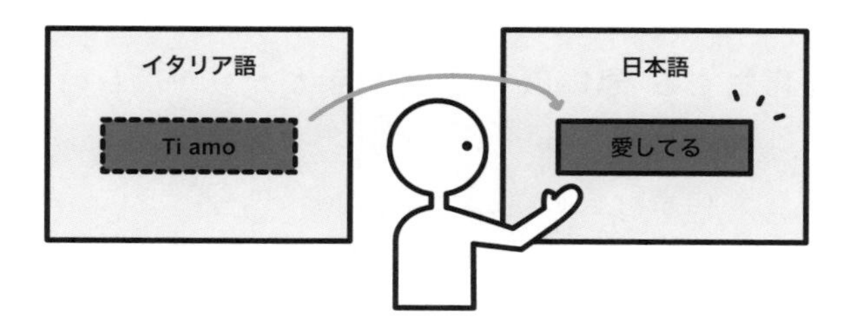

ここにも put の CORE がしっかり活きていますね。「なんだ、丸暗記する必要なんてなかったな」と思いませんか？ ちゃんと put のコアをおさえていれば**理解**できますね。それでは、“put A before B” で「A を B より優先させる」についてもみてみましょう。

Now is the time to put duty before pleasure.

今こそ義務を遊びより前に位置させるべき時だ。

（今こそ遊びより仕事を優先すべき時だ。）

優先順位をほかより前に位置させる

この「熟語」も、丸暗記に頼らず、すんなりと理解できてしまいましたね。まるでスポンジに水がしみこむように「**スーッと理解できた**」と驚いた人もいるのではないでしょうか？ このようにコアを身につけると、**丸暗記に頼る領域をぐんと減らすことができる**のです。これも「**コアの威力**」です。

PART 1

念のためにことわっておきますが、「暗記する」こと自体は悪いことではありません。何か新しいことを学ぶとき、ある程度の量の暗記は付きものでしょう。ただし、**理解を伴わないインプット（丸暗記）は苦労のわりに、忘れやすい**ことを知っておいてください。理由は、**記憶を再生する（思い出す）ための手がかりが乏しいから**なのですが、これはいったいどういうことでしょうか。

たとえば、「車両通行止めの交通標識」を思い浮かべてください。斜線がどちら側から入っているか、と聞かれたら正確に答えられるでしょうか？

わたしの経験では、右からと答える人と、左からと答える人が半々位います。正解は、左上から右下です。この事実（車両通行止めの交通標識は左上から右下に斜線が入っている）を機械的に記憶するのが、**丸暗記（A＝Bのインプット）**です。

では、なぜ左上から右下なのか。理由は、このマークが、禁止を表す「ＮＯ」を模式化した図案だからです。

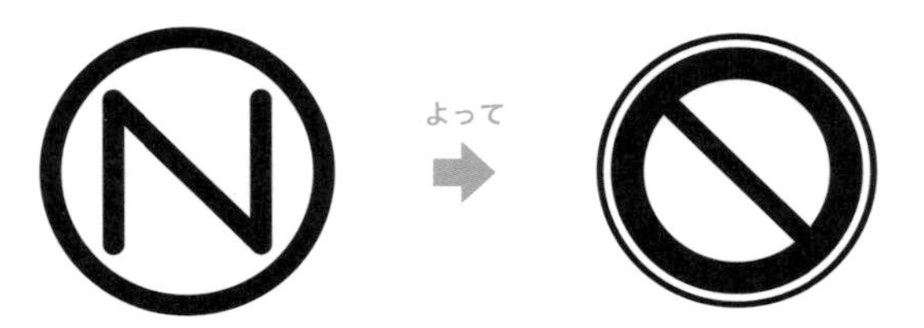

アルファベットの「N」を思い浮かべれば、もう斜線の向きを迷うことはありませんね。このような「**だから**」を伴う覚え方を、**トライアンギュレーション**といいます。みなさん、三角形のことをtriangleというのは知っていますよね？ トライアンギュレーションは「**三角形をつくること**」といった意味だと思ってください。AがBであることを覚えるために、その記憶のトリガー（きっかけ）になる

Cを経由する(**A = B、because C のインプット**)ほうが**長期の記憶**につながるということが実証されています。

また、理解を伴わない単純作業は面白くない。これは致命的ですね。誰しも、どうせならば、楽しく学習したいにきまっています。熟語を学ぶ際、これからはぜひ、基本語のコアをトライアンギュレーションのトリガーとしても使ってみてください。ストンと腑(ふ)に落ちた体験は、気持ちのいいものですし、一度覚えたら忘れにくい(たとえ忘れても思い出しやすい)ので、たいへん合理的です。この「熟語の丸暗記」からの解放は、コアを学習することの大きな意義の1つといえます。次のような文の意味を理解するのも、難しくありませんね。

He puts his family before anything else.
(彼は、ほかの何よりも家族を優先します。)

The *samurai* put loyalty before life.
(侍は、命よりも忠義を重んじました。)

さて、まとめです。「put =置く」といった、日本語の訳語と英単語を一対一対応させる「初期段階の学習」からはもう卒業しましょう。これからは、次のステージです。その英単語の持ち味とでもいうべきコアを見つけ、コアを通じて英単語を学んでいきましょう。

COLUMN

“「コア」は文脈に左右されない―take”

「薬をのむ」を take a pill と表現できますが、だからといって「take＝のむ」とはかぎりません。

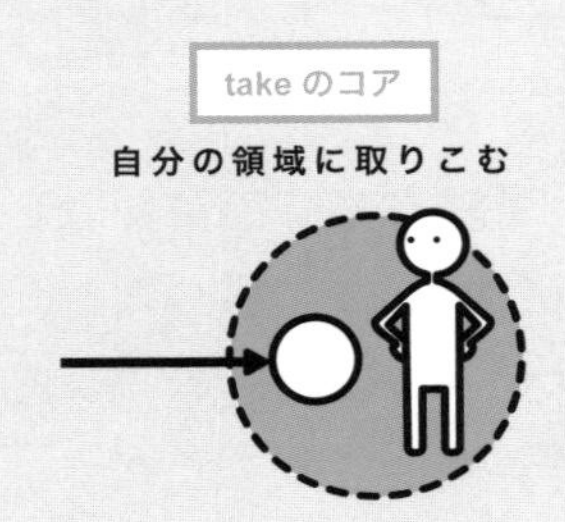

それぞれの文脈において調整され、「意味」になる。

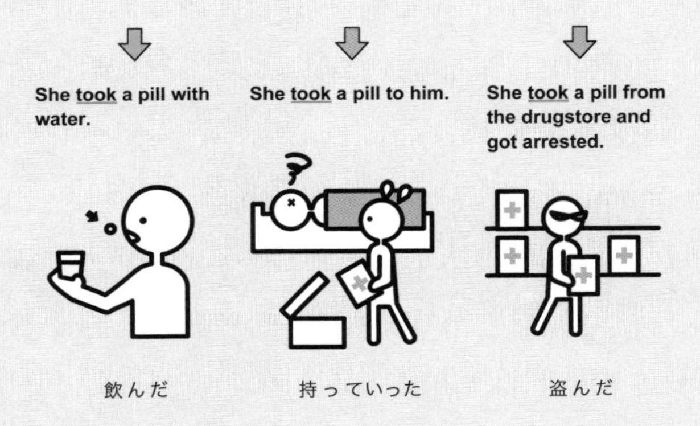

「コア」は文脈に左右されない本質的な意味。だからこそ、コアを学ぶ意義は大きい。

PART 1 SECTION 2

似たもの「動詞」

コアがわかれば、使い分けられる

発話動詞の使い分け

英単語を勉強していると、同じ「意味」をもつ英単語が複数個存在し、面食(めんく)らった経験がある人はいませんか？ たとえば、「**話す**」という意味の**発話動詞**には、主なものだけでも **speak**・**talk**・**say**・**tell** と、4つもあります。「これらは全部違うの？ それとも同じなの？」と、そういう経験です。基本動詞の CORE がわかれば、今まで謎めいていたであろう、この使い分けが、すっきりと明解になります。

speak のコア

speak の CORE は「**音を発する**」です。

発言の内容には焦点はなく、**音がその人から一方向的に出ている**感じです。

Think before you speak.
（口に出す前に考えなさい。）

you speak（口に出す）というように、発言の内容に焦点はありません。"She speaks loudly." と言えば、「彼女は大声で話します」という意味で、やはり音が一方向的に出ているイメージがあります。"Wei speaks Spanish fluently."（ウェイはスペイン語を流暢に話します）のように、言語を目的語にとる場合も同じで、やはり発言の内容に焦点はなく、その言語が口から出るといった感じです。"A little girl spoke to me." と言えば、音が「どこに向かって」発せられたのかが to me で示されているので、「わたしに話しかけた」のような意味になります。

speak は「一方向の矢印」のイメージ

Could you speak a little more slowly?
（もう少しゆっくりと話してくださいますか？）

She wouldn't speak a word.
（彼女は一言もしゃべろうとしなかった。）

She has a nice speaking voice.
（彼女は素敵な話し声をしていますね。）

talk のコア

talk の CORE は「**言葉でやりとりする**」です。

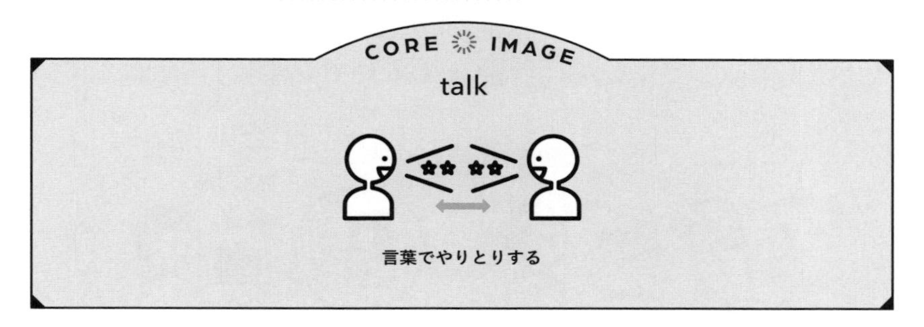

speak とは異なり、**言葉が双方向に行き来している**ことに焦点があります。

speech(スピーチ)という言葉は speak からきていますが、大統領の speech と言えば、大統領が一方向的に話しているような印象です。それに対して、大統領の talk show(トークショー)と言えば、大統領と誰か別の人が言葉を交わしている様子が浮かんできます。

We sometimes talk in that café.
(私たちは、時折あのカフェでおしゃべりします。)

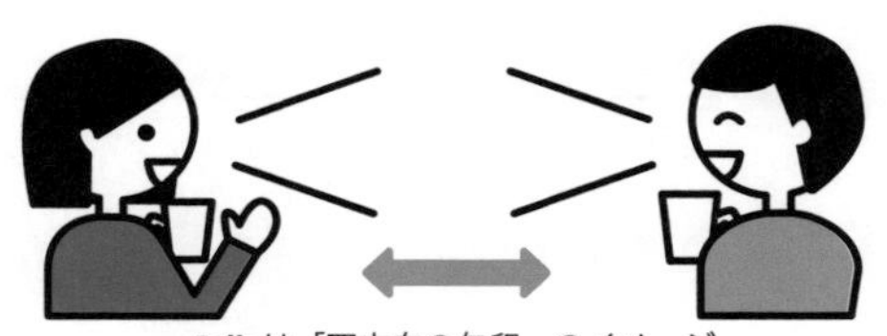

talk は「双方向の矢印」のイメージ

上の例文は talk が使われる典型的な文といえます。カフェでは友だちと「言葉でやりとりする」わけです。「何について」話すのかを言いたい場合は、about などの前置詞を用いて、"Let's talk about the matter."(その問題について話しましょう)と言います。

オウムという鳥について説明するときに、“Parrots can speak, but they can't talk.” と言うことができます。これは speak と talk の違いがわかる好例ですね。

また、手話などを使って相手と話したり、インターネット上のチャットでやりとりすれば、**speak しないで talk した**ことになりますね。

say のコア

say の CORE は「**内容を言う**」です。

say は**内容に焦点があります**。したがって、次の例文のように“　”（引用符）を用いて、発言内容をそのまま目的語にとるときに多く使われます。

He said, “I will return here tomorrow”.
（彼は「私は明日ここに戻る」と言いました。）

また、that 節などの名詞節を使って内容を表現する際にも多用されます。“People say that there is oil under the North Sea.”(北海の下には石油があると人は言います)といった具合です。目的語が引用符や名詞節ではない場合もありますが、“She said good-bye and left.”(彼女はさよならと言って、出て行きました)という例を見ればわかるように、やはり発言の内容(good-bye)が目的語にきます。

say が内容に重きを置いた表現であるとわかる好例としては、“He talked a lot, but didn't say much.”(彼はいっぱい話したけど、たいした内容のことは言ってないよ)のような例文が挙げられます。

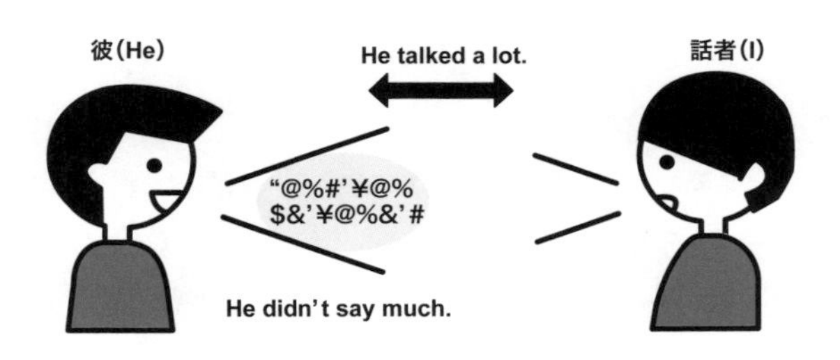

PART 1

一緒に話していたのでしょう、前半では「たくさん話した＝言葉のやりとりを(私と)交わした」という意味で talked が使われています。しかし、後半では「たいした話はしていない」というような「内容」に焦点があるので、didn't say というように say が使われています。

tell のコア

tell の CORE は「**相手に内容を伝える**」です。

say は「内容を言う」ですから、後ろに置く要素は1つでした。しかし、tell は「相手に」「内容を」なので、基本的には「**誰に**」「**何を**」という2つの要素を必要とします。また、「相手に内容を伝える」ということは、「〜に…を」という文になるので、次の例文のような第4文型の英文ととても相性が良いということになります（第4文型については PART 6 参照）。

She told me the story.
（彼女は私にその話をしてくれました。）

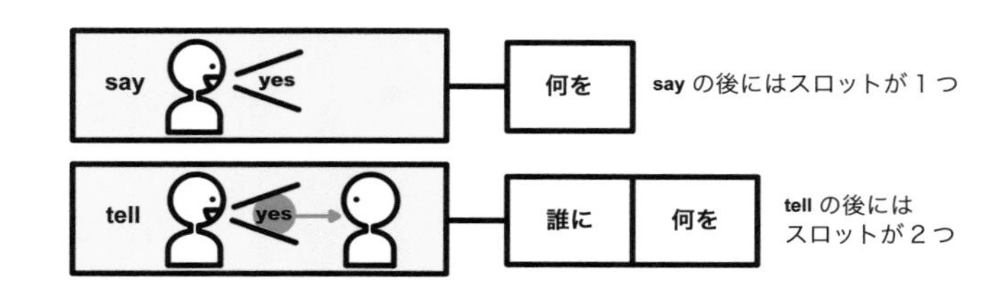

しかし、必ずしも「相手に」「内容を」の順番で使うというわけではありません。“He didn’t tell the truth to the jury.”(彼は陪審員に真実を言わなかった)のような文も可能です。しかし、その場合でもやはり、後ろに「誰に」「何を」という２つの要素が置かれていることに注目しましょう。

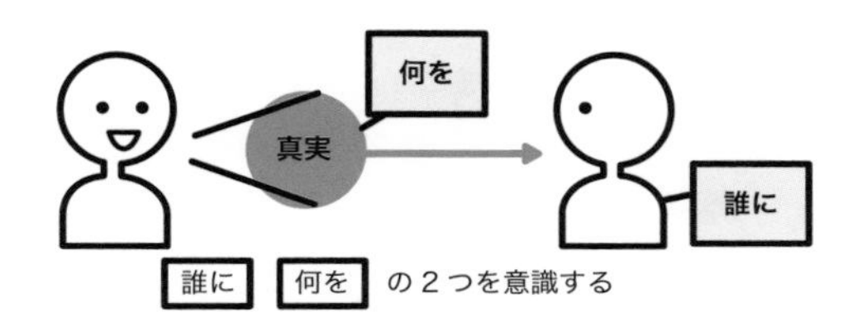

伝える「内容」を that 節とすることも可能です。“Joanna told me that I should see the doctor.”(ジョアナは、私に医者に診てもらったほうがいいと言いました)のような具合です。

とにかく、「**相手に内容を伝える**」が tell の CORE です。原則として、「誰に」「何を」の２つの要素を必要としますが、文脈上明らかな場合は、そのどちらかを言わずに使うこともできます。大事なのは、そのときもちゃんと「**伝える」というコアの部分が活きているということ**です。たとえば、“My uncle is always telling bad jokes.”(おじさんはいつも悪い冗談ばかり言うんだよ)も同様です。「誰に」の部分はないですが、文脈上「みんなに」とか「わたしに」といった意味であることが自明です。

また、「何を」の部分が明らかなので省略される場合もあります。「ほらね、前に言っただろ？」と言いたければ “See? I told you before.” と言います。これは「以前にあなたに(こうなることを)伝えたでしょ」というような意味で、やはり「伝える」に重きがあります。これをもし、“See? I said that before.” と言えば、同じような意味にはなりますが、以前に言った内容のほうに重きが置かれます。

PART 1

いかがでしょうか。基本的な4つの発話動詞の使い分けでした。基本語の CORE を学ぶことで、今まであいまいだった「使い分け」も、すっきりと理解できますよね。理解できれば、自信をもって「使おう！」と思えるはずです！ この4つの発話動詞、ぜひ使い分けてみてください。

「見る」動詞の使い分け

「話す」の次は、「**見る**」という意味で知られる3つの「似たもの動詞」をくらべてみましょう。**see** も、**look** も、**watch** も訳語は「見る」です。コアを使わずに日本語の訳語で考えてしまうと、これらの動詞は全部同じということになってしまいます。これでは動詞の「見る」を使い分けることはできませんね。ここでもコアの出番です。

see のコア

see の CORE は「**目に入ってくる**」です。

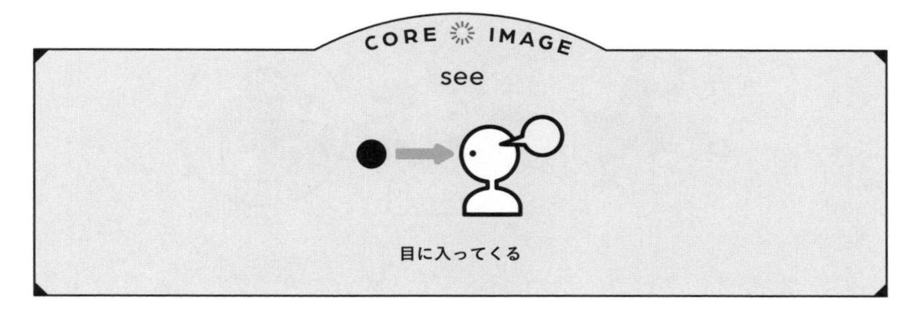

CORE IMAGE では、**視野に物体が入ってきて、目に情報が入ってきている**ことを表す矢印が描かれています。

I can't see a thing in this fog.
（この霧では何ひとつ見えません。）

PART 1

この例文は、霧の中で「ひとつの物すらも目に入ってこない」という状況を表しています。目に入ってくるということは「目撃する」ことにもつながります。"I saw her crossing the street while the light was red."（私は彼女が、信号が赤のときに道を渡っているのを見てしまいました）がその例です。

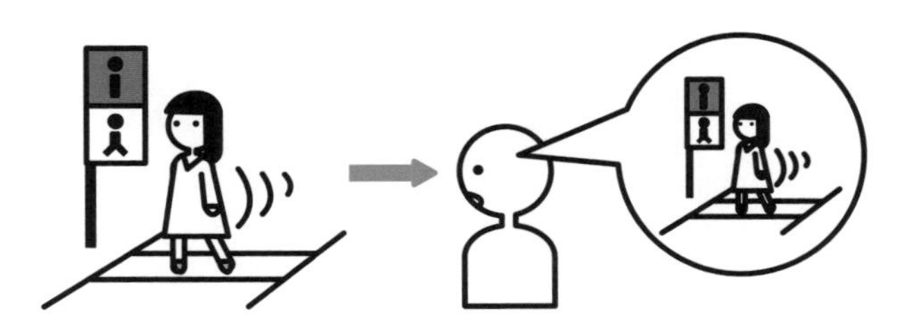

また、「ちゃんと目に入る」→「見届ける」というような意味でseeを使うことも多くあります。“Have you ever seen an egg hatch?”（卵がかえるのを見たことがありますか？）などがその例です。

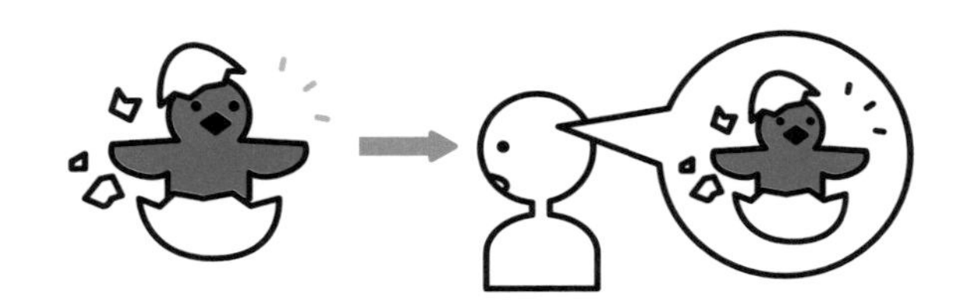

何かを理解したとき、“Oh, I see!”（あぁ、わかった！）と言いますね。これは「目に入ってくる」→「頭に入ってくる」→「理解する」という意味の展開から、seeが使われています。この表現は会話で大活躍します。“You see?”を尻上がりの口調で言えば、「わかった？」という意味です。みなさんが海外でネイティブスピーカーに何か説明しようとしているけど、なかなか思うように説明できない状況を思い浮かべてみてください。もし、相手がやさしく、“I see what you mean.”と言ってくれたのであれば、それは「あなたの言いたいこと、（ちゃんと）わかりますよ」と言ってくれています。また、“You will see.”（今にわかりますよ）や“We'll see.”（まぁ、ようすをみてみようよ［そのうちわかってくるよ］）といった表現も会話で多用されます。このようなseeの使い方ができると表現の幅が広がりますよ。

lookのコア

look の CORE は「**視線を向ける**」です。

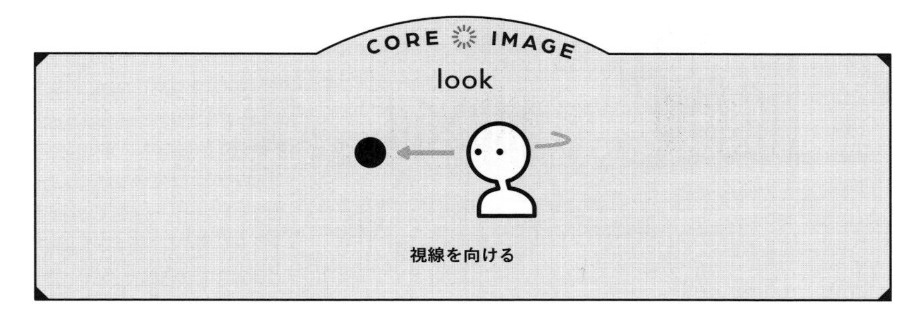

She looked at the poster on the wall.
(彼女は壁のポスターに目をやりました。)

この例では、「ポスターに視線を向ける」という動作を表しています。相手に対し、どこかへ視線を向けてほしいときに、「見て、見て！」と言いたい場合はlookがベストです。"Look, here she comes." と言えば、「ほらみて、彼女がやって来るよ」という意味です。

look の CORE は「**視線を向ける**」ですから、「**どこに**(目を向けるのか)」の情報が必要です。英語では場所情報を示すのに、**前置詞**や**副詞**が使われるので、look at(〜に目を向ける)、look about / around(見回す)、look into(〜をのぞく)、look back(振り返る)、look up(見上げる)、look for(〜を探す)など、表現は多様な広がりをみせます。

look up to（尊敬する）、look down on（軽蔑する）などの、いわゆる「熟語」とされているものも、**lookの視線の向け方・向ける方向と関連づけさえすれば**、容易に理解できるはずです。

watchのコア

watchのCOREは「**一定期間、動きや変化を見守る**」です。

テレビをみるときにwatchが使われる理由は、みているのがテレビの機械本体ではなく、**テレビに映し出される番組の「移り変わり」だから**です。逆に、番組をみているのではなく、機械本体に目を向ける場合は、watchではなくlookの出番ですね。たとえば、家電量販店で、"She looked at a TV." と言えば、「彼女は一つのテレビに目を向けました」という意味になります。

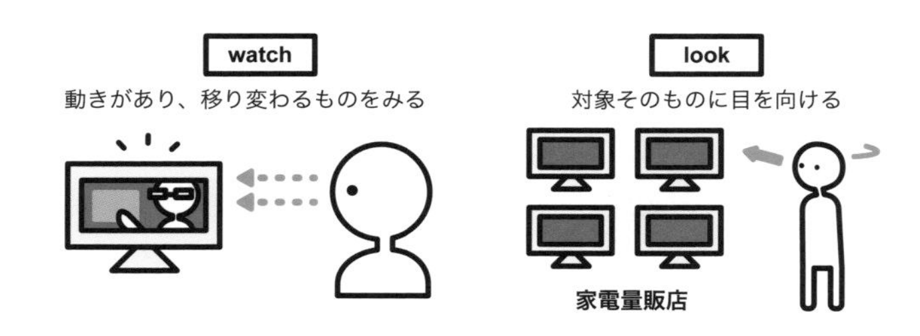

山に行って野鳥を観察することをbird watchingといいますね。やはり、鳥が「動く」ものであるからこそ、それを「見守る」という意味でbird watchingなのです。しかし、バードウォッチングの最中に、仲間に“Hey! Look at the blue bird on the top of that tree!”(おい、あの木のてっぺんにいる青い鳥をみてみろよ[目を向けてみろよ])という場合もあるでしょう。**「動きを見守る」**のwatchと、**「視線を向ける」**のlookの違いを理解するための好例ですね。

鳥の動きを見守るバードウォッチングは **watch** の好例

また、旅先でちょっと重い荷物を持っているときに、トイレに行きたくなったとしましょう。そこにいた信頼できそうな人に、「ちょっと(1分だけ)このカバンみていてもらえますか？」と言いたいのならば、“Could you please watch this bag for a minute?”と言います。「カバンは動かないじゃないか！」とツッコミが入りそうですが、ここでは相手に「(カバンに)動きがないかどうか」を見守っていてほしいわけですから、watchの選択がふさわしいわけです。

動きがないか見守るので、この場合も **watch** が適している

このように、基本語の CORE を知れば、「使い分け」が難しいように思える複数の語も、積極的に使い分けることができるようになります。「似たもの動詞」の使い分けにコアは欠かせないのです。

PART 1

コア学習の二大原則

コアの学習において大切なことは、次の２点です。

① 形が違えば意味も違う。
② 形が同じなら共通の本質的な意味がある。

①について言えば、「形が違う」というのは、単語の学習においては、「単語が違う」ということです。see、look、watch…それぞれ違う形をしていますね。**単語が違えば、当然意味も違ってきます。**「見る」の似たもの動詞が、単に「見る」でなく、それぞれに違うコアが存在したように、これらはすべて、**似て非なるもの**なのです。

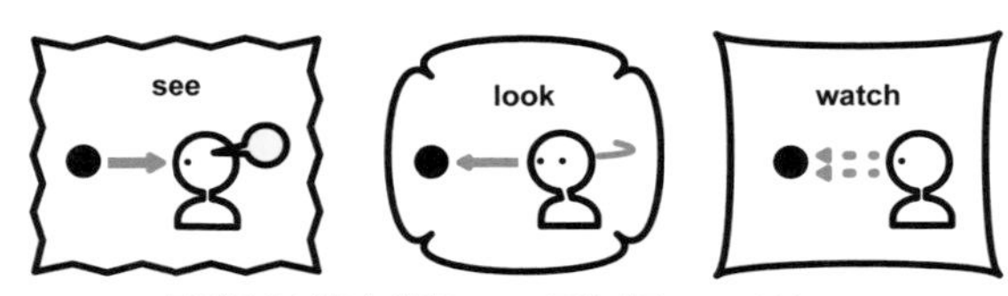

形が違えば意味が違う ➡ 同じ「見る」ではない

②については、put の例を思い出してください。put にはさまざまな日本語の訳語がありましたが「**何かをどこかに（動かして）位置させる**」という１つの本質的な意味、文脈に左右されない意味がありました。これがコアでしたね。つまり、**形が同じなら共通した意味がある**と考えれば、単なる丸暗記で終わっていた語彙の習得作業の効率が格段と上がります。

基本語と日本語の訳語を一対一対応させて覚え、そこで終わってしまう学習がいかにもったいないことか、読者のみなさんはもうご理解いただけたことでしょう。基本語はコアをしっかりと理解することで、使える英語表現の幅がまるで変わってきます。「**基本語力がある**」か否かが、英語を「話せる！　書ける！」ようになるための分かれ目だといっても、決して過言ではないのです。

PART 1 SECTION 3

前置詞にも「コア」がある

訳語だけでは理解できない on と in

コアは**動詞**に限って存在するものではありません。たとえば、**前置詞**にだってコアはあります。実は、この前置詞こそコアで理解しないことには、どうにもこうにも捉えようのないものなのです。文中の on や in を見て、「なぜここで on が（あるいは in が）使われているの？」と疑問に思ったことはありますよね。ここでは on と in の CORE を題材に、その意味の広がりをみていきましょう。

on のコア

手始めに on を辞書で調べてみると、すさまじい量の「意味」が出てくることでしょう。「on ＝上に」以外の「**例外的な意味**」を必死に丸暗記したという経験のある人も多いのではないでしょうか。そのような人にこそ、**コアによる学習**が処方箋になります。

on の CORE は「**接触している**」です。

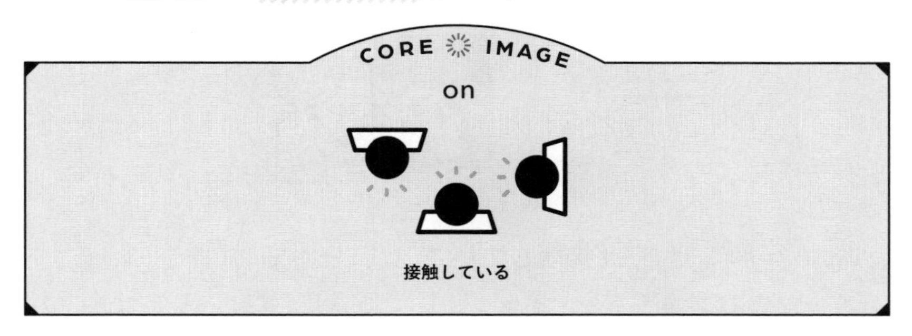

PART 1

これだけで、on のすさまじい量の「意味」が驚くほどスッキリ整理できます。この CORE IMAGE で示されているように、on とは、**どこかに接触していることを意味し、その方向に拠らない**ということです。「方向に拠らない」とはどういうことでしょうか。

I found a fly on the ceiling.
（天井にハエがいるのを見つけました。）

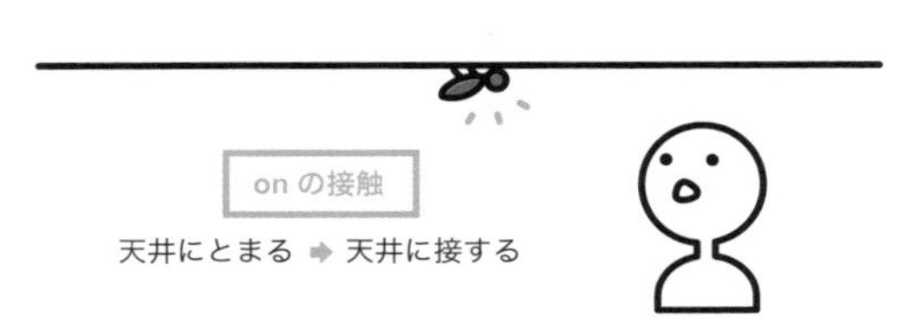

この例文では、ハエが天井にとまっている状況をさして、on が使われています。もしも、「on ＝上に」と一対一対応の暗記をしていた場合、この例文は理解に苦しみますね。ハエと天井が**接している**から on でいいのです。“You should put this poster on the wall.”（君はこのポスターを壁に貼るべきです）の場合も、on です。結果、ポスターは壁に「接する」ことになるわけですから。

on の CORE である「**接触している**」は、日本語の「接している」でイメージされるような「ベタっと接している」だけに限りません。たとえば、the ring on her finger であれば、「彼女の指にある指輪」の意味になりますし、a fish on the hook であれば、「釣り針にかかった魚」のことです。英語らしい発想で on の CORE である「**接触している**」をとらえましょう。

次に、少し発展的な例もみてみましょう。「**接触している感じがする**」という場合についてです。この場合でも、on が使われます。

The children depend on their mother.
（子どもたちは母親を頼っています。）

この例では、depend on 〜（〜に頼る）という表現が使われています。誰かに「頼っている」という状況には、誰かにもたれかかるようにして「くっついている」イメージがありますよね？ だから on が使われているのです。

PART 1

on の接触
母親のもとから離れずにくっついている
➡ on している

in のコア

さて、in は on とはまったく違った CORE IMAGE をもっています。in の CORE は「**空間の中に**」です。

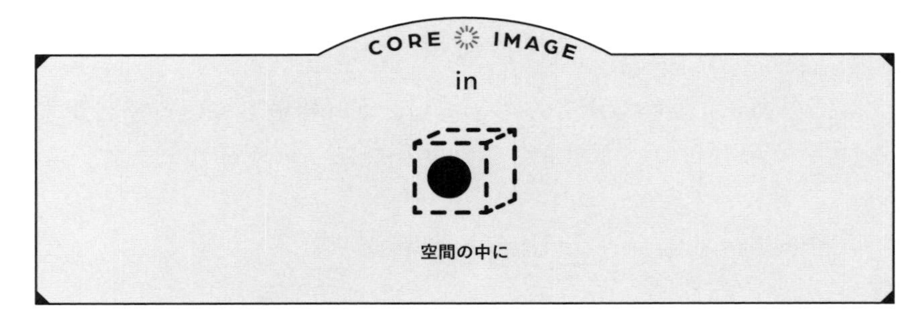

「そんなのは知っているよ！」と思いましたか？「in ＝中に」と習いましたよね。しかし、ここで重要なのは「**空間の**」のほうなのです。具体例で説明しましょう。“There are a lot of oranges in the box.”（その箱の中に、みかんがいっぱいあります）は in の典型的な使い方です。この場合、「in ＝中に」で問題ありません。

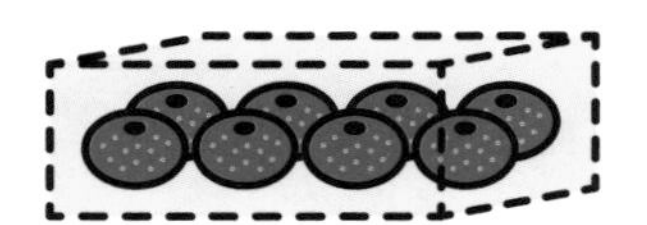

箱という空間の中にある ➡ **in** している

しかし、この場合はどうでしょうか。たとえば、「彼女、雨の中を走っているよ」は、“She is running in the rain.” と言います。雨には境界があるとはいえませんね。しかし、彼女が雨という「**空間**」**の中にいるような感覚があれば、in が使われます**。box ほど境界線がはっきりしていない、ぼやけた状態でも、in が使われるのです。

雨という空間の中にいる ➡ in している

“My son found a grasshopper in the grass.”（息子が草むらでバッタを見つけてきたよ）も草むらを「空間」と捉え、in を使っています。また、漠然とした「東」という**方角**も、ネイティブスピーカーにとっては「東という空間」です。実際に、「太陽は東から昇ります」などと言う場合には “The sun rises in the east.” と表します。実はこの表現、日本人は、from the east と言ってしまいがちなのです。ネイティブスピーカーは、「太陽が東から昇って西へ沈む」といった移動経路には視点はなく、「東という空間」で sun-rising（日の出）が起こるという現象に視点を置いているのですね。

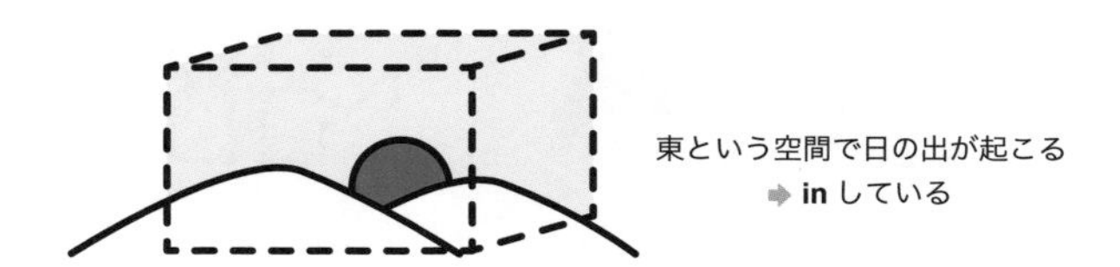

東という空間で日の出が起こる
➡ in している

このあたりまでだと、「in ＝中に」の理解でもどうにかなると思われる人もいるかもしれません。しかし、次のような例はどうでしょうか。

I looked at an old vase in the corner of the room.
(わたしは部屋の隅にあった古い花びんに目をやりました。)

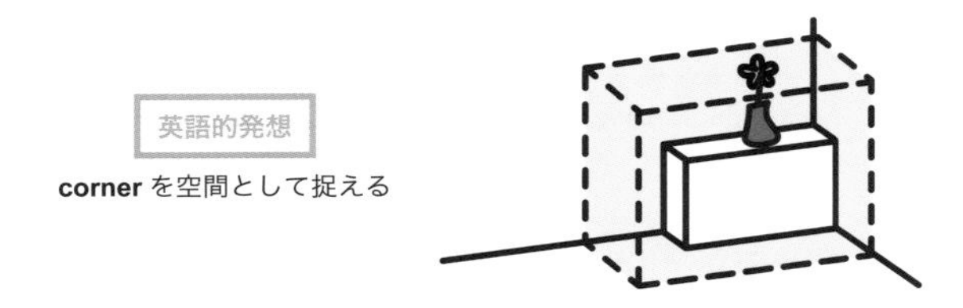

日本語の発想では普通、「隅の中」とは言いませんよね。しかし、「部屋の隅」を「空間」と捉えているからこそ、英語では in the corner と言うのです。「木陰(こかげ)にいるあの女性とお知り合いですか?」であれば、"Do you know that lady in the shadow of the tree?" となります。これも「木陰」を「空間」と捉えているからこそです。

目の前にある「空間」に使う in

自分の目の前に広がっている「空間」を in で表すことはよくあります。"Are you in the queue?" はどんな意味でしょうか? バス停に並ぶ人々などの「列」を英語で queue といいますが、ネイティブスピーカーたちは、人々が作っている「列」を「空間」として捉えます。"Are you in the queue?"(並んでいますか?)は「あなたは列という空間の中にいますか?」ということなのです。日本語ネイティブが、in の「**空間の中に**」というコアを感覚的にしっかり理解するためには、

「空間」の捉え方をだいぶ柔軟にして考えなくてはいけないのかもしれませんね。

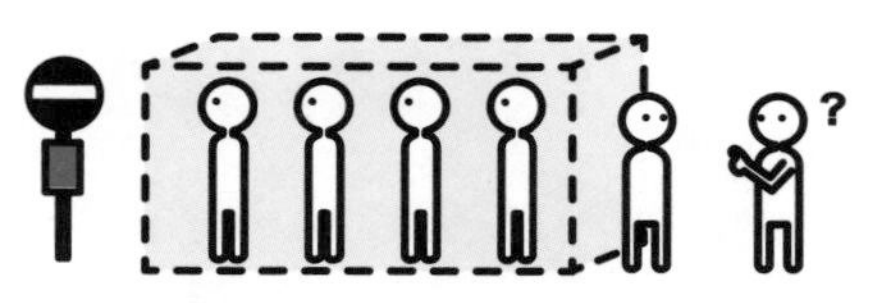

queue（列）という空間の中にいる ➡ in している

目の前に広がる「空間の中」の in が理解できると、次のような in の使い方も理解できます。仲良し 3 人組で車に乗り、同窓会に向かっています。すると電話がかかってきたので、次のように言いました。

I'm sorry, I know we're late … but a taxi is in our way.
（ごめん、遅れているのはわかっているけど、タクシーが道をふさいでるんだ。）

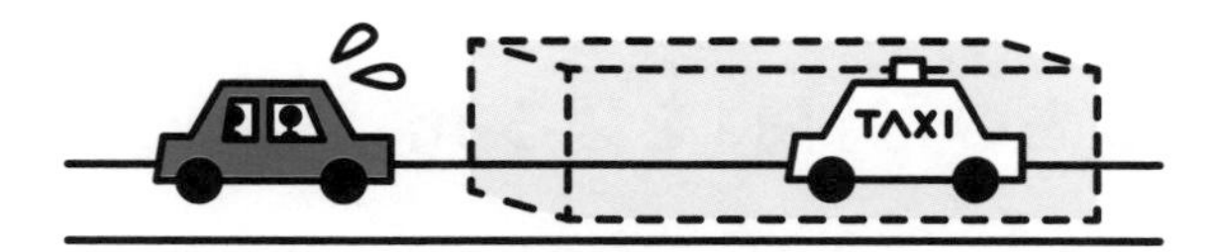

進むべき道という空間をふさいでいる ➡ in している

our way が「私たちの（進むべき）道」だとすると、その「空間の中」にタクシーがいると言っていることになります。おそらく、何かのトラブルでタクシーが止まってしまって、道がふさがれているのでしょう。そこで「邪魔で進めない」というような解釈になるわけです。

もし、"The taxi is on the way." と言えば、どういう意味になると思いますか？

答えは、「タクシーは順調に進んでいる」です。これは、the way を「目的地までの道のり」という「線」のようにみなし、その線にタクシーが「**接している**」と捉えるからこそ、on が使われるのです。the way を「空間」とするか「線」とするかで、使用する前置詞も意味も異なることがわかりますね。

進むべきラインに接している ➡ **on** している

「線」のイメージに「接している」→「そのラインにちゃんと乗って順調に進んでいる」という意味の on の使い方は、ほかにもあり、on a diet(ダイエット中)、on duty(仕事中)、on strike(ストライキ中)などがそれにあたります。

これから先の「時間」を語る in

話を in に戻します。さきほど "Nothing is in my way." (目の前の空間に邪魔するものがない)のような in の使い方を見ました。これを**時間**という「空間」に応用したのが、大学入試でもよく出題される「**経過時間の in**」というやつです。たとえば、「1 か月したら戻ってくるよ」という場合 "I'll be back in a month." と言います。これは、現在から、戻ってくる時点までを想定して、そこに広がる期間が「1 か月」ということです。「3 時間以内に終わらせなさい！」と言いたければ、"You must finish it in three hours!" です。大学入試で定番の引っ掛け問題「経過時間の in」も、「**目の前に広がる空間の中**」という解釈を応用すれば、理解できますね。

心理的な「空間」の in

in は「物理的な空間」「時間的な空間」だけでなく、**「心理的な空間」**にも使うことができます。

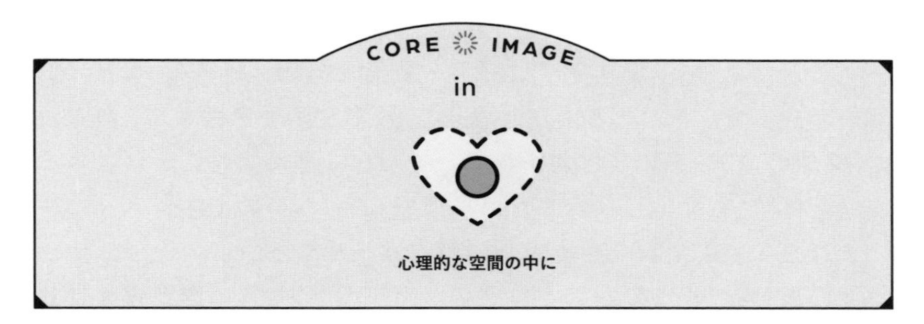

「心理的な空間」で使う in としては、よく知られた表現である "I fell in love with Cathy."(私はキャシーと恋に落ちました)の例があります。love を「愛」という目に見えない心理的な「空間」と捉えているわけです。"If she is in difficulty, we should go and help her now."(もし彼女が困難な状態にあるなら、私たちは今行って、助けてあげるべきだ)でも、同様の使い方がされています。"Short skirts are in fashion now."(今ミニスカートが流行しています)でも、ミニスカートが fashion(流行)という「心理的な空間」の中にあるということで「流行している」となるわけです。

文法のコアは?

いかがでしたか。PART 1 を読んだだけで、英語的な発想がかなり身についたのではないでしょうか。

PART 1 では主に「英語と日本語は一対一対応していない」ということ、コアを捉えることを考えてきました。そして、コア学習においてとても重要な**コア学習の二大原則**は、**①形が違えば意味も違う**、**②形が同じならば共通の意味がある**、でしたね (➡ p.032)。

ここまで読んで、こう思いませんでしたか？「**文法にはコアはないの？**」――お答えしましょう。**あるんです**。何を隠そう、それこそが、本書のテーマなのです。

「現在進行形は『今〜している』という意味だけど、例外的に未来を表すことがある」、「現在完了は完了・結果・経験・継続」、などという説明や、たくさんあるように思えるto不定詞の意味も、それぞれの「**文法のコア**」を知りさえすれば、すんなり理解することができます。「例外」でもないし、「意味がいっぱい」でもないのです。

また、みなさんは中学時代、will = be going to、can = be able toと習いましたね？ しかし、コア学習の二大原則では「**形が違えば意味も違う**」です。当然、意味も使い方も違います。ぜひ、PART 2 以降を読み進めてみてください。「**文法のコア**」がわかれば、英文法が使えるようになります！ 英文法を使いこなして、英語が「話せる！ 書ける！」ようになりましょう。

PART 2

時制

コア

教科書や学習書で学んだ「ルール」や「分類」にしばられてしまいがちな「時制」もコアで捉え直して、表現に使える英文法に変えていきましょう。

現在形と現在進行形を攻略する

動きがある？ 動きがない？

PART 1 では、英単語のコアに焦点を当てて説明をしてきました。ここからは、本書のメインテーマである「**英文法のコア**」をみていきます。PART 2 では「**時制**」を扱います。さて、突然ですが、みなさんは現在形と現在進行形、きちんと使い分けられていますか？ それでは簡単なクイズから始めましょう。

A 次の文で、オーケストラの指揮者は、フルート奏者に何を伝えようとしているでしょうか？

→ 答え p.054

Oh, flute! You are playing so loudly today. Why? You usually play much more carefully.

B 恋人に言われて喜ぶべきは、次のどちらの表現でしょうか？

→ 答え p.057

❶ You are kind.
❷ You are being kind.

どうでしたか？ 少し難しかったかもしれませんね。でも大丈夫。ここから解説する「現在形」と「現在進行形」のコアをおさえれば、しっかり使い分けができるようになります。

現在形は「今」じゃない!?

現在形は、正直なところ、学校ではあまりていねいに説明されていない傾向にあるようです。日本人の英語学習者に「現在形は何を表すでしょうか？」とたずねると、ほとんどの人から「今のことを表します」という答えが返ってきます。比較的英語が得意な学習者の場合、「現在の習慣を表します」と答えたりします。しかし、こうした「ルール」の丸暗記では次のような問題にはうまく答えられないはずです。

C 次の会話には、どうして現在形が使われているのでしょうか？

➡ 答え p.049

A（乗客）：What time does this train leave?
B（駅員）：Ah ... it leaves in 2 minutes. Don't worry.

A：（この電車はいつ出発するのですか？）
B：（えーと、あと2分で出発しますよ。ご心配なく。）

「電車が出発する」は未来のことなのに、現在形が使われていますよね。どうしてでしょうか。

では、まずは従来の学習からおさらいしてみることにしましょう。

TRADITIONAL WAY

1. 現在形は現在のことを表す。
2. ⓐ現在の習慣、ⓑ不変の真理、ⓒ一般的な事実、などを表すのに使われる。
3. 例外的に「未来」の文脈でも使うことができる。

こんな感じでしょうか。でも、これを丸暗記したところで、英語の現在形を使いこなすことはできません。こんなときこそ、コアでしたね。現在形の本質をしっかりと理解すればいいのです。

現在形のCOREは、「**今を中心に動きや変化がない**」です。

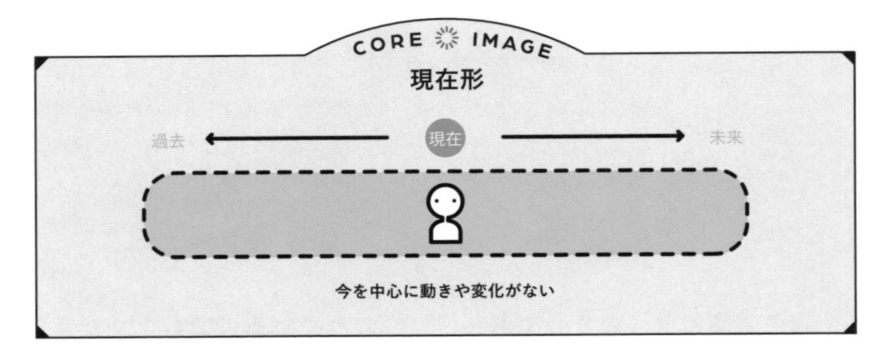

これだけ理解していれば大丈夫なのです。ずいぶんあっさりですよね。ⓐ現在の習慣ⓑ不変の真理ⓒ一般的な事実…などと、難しい文法用語を丸暗記しなくてもこれで解決です。いいですか、「**今を中心に動きや変化がない**」という感覚が現在形を使いこなす鍵です。

現在形は「動きや変化が感じられない」

「彼女はきれいな青い目をしています」と言うときは、"She has beautiful blue eyes." と言います。いつも変わらずきれいな青い目をしているわけですから、現在形のCOREとぴったりですね。"I like music very much." と言えば、「これまでも、今も、これからも、変わらず音楽が好き」だということです。別に、「今」に限った話をしているわけではありませんよね。

大学入試でこんな問題が出たことがありました。

Everyone [　　　] that smoking affects your health.
① know　② is knowing　③ knows

「喫煙が健康に影響を与えることをみんな知っている」という文ですが、答えは、③ knows です。「みんな知っている」ということに、「**動**

きや変化」が感じられますか？ 感じられないですよね。まさに、現在形がぴったりです。これもまた、「今」に限った話ではないですね。

それでは、〈TRADITIONAL WAY〉の2に示した3つの文法用語、ⓐ**現在の習慣**、ⓑ**不変の真理**、ⓒ**一般的な事実**について、例文をみながら考えてみましょう。

2 ⓐ現在の習慣

She often plays the trumpet on that hill after school.
（彼女はよくあの丘で、放課後、トランペットを吹きます。）

2 ⓑ不変の真理

Water freezes at zero degrees Celsius.
（水は、セ氏0度で凍ります。）

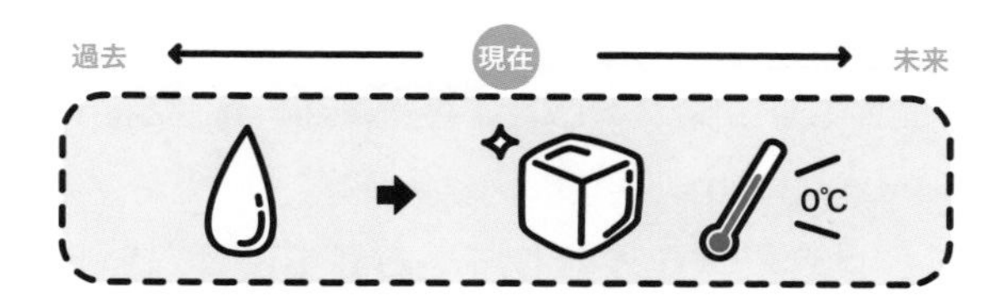

2 ⓒ一般的な事実

Cars keep right in the U.S.
（アメリカでは、車は右側を走ります。）

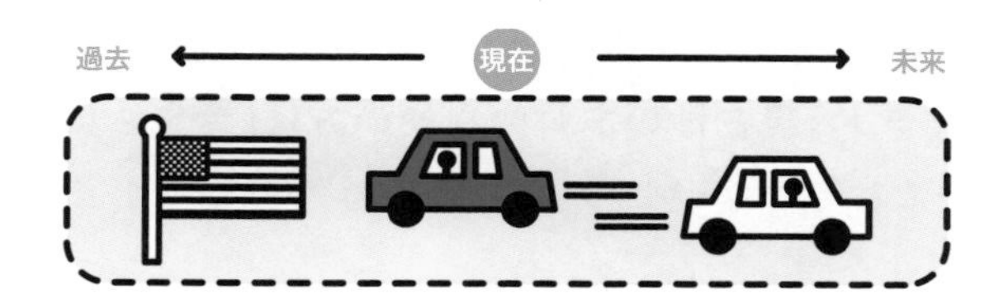

PART 2

現在形のCOREで考えてみると、もはや簡単ですね。ⓐ**現在の習慣**、ⓑ**不変の真理**、ⓒ**一般的な事実**、これらはどれも「**今を中心に動きや変化がない**」という現在形のCOREそのものです。ⓐの文は、「今、丘で演奏している」という「今起こっていること」を伝えたい文ではありませんね。「丘で放課後、トランペットを吹く**習慣がある**」ということを伝える文です。「いつも変わらない」から習慣なわけです。現在形がぴったりですね。

ⓑやⓒも、違うようでいて、実は同じです。「水が0度で凍る」「車がアメリカで右側通行する」のはどちらも「**今を中心に動きや変化がない**」ことです。

だんだんと理解できてきましたか？ ここで、現在形に関する興味深い話を1つ紹介します。イギリスのある有名な文法書では、現在形を、次のような例文とイラストを用いて説明しています。

He is not driving a bus. He drives a bus.

『English Grammar in Use Book with Answers』（Cambridge University Press）より

この文は、「彼は今バスを運転している最中ではない」けれど、「彼はバスを習慣的に運転します」といったニュアンスの文で、要するに、「彼はバスの運転手だ」ということを示しています。イラストをみてください。彼は、実際、今は寝ているわけです。ところが、現在形の drives を用いることで、バスを運転する習慣があることが表されています。ベッドの横の写真や帽子が、彼が「運転手である」ことを物語っていますね。**現在形の本質的な使い方は「今まさに起きていること」を表すことではない**というのが、しっかりと伝わる素晴らしい例文とイラストです。

ここで再び、Q C を考えてみましょう。

C 次の会話には、どうして現在形が使われているのでしょうか？

A（乗客）：What time does this train leave?

B（駅員）：Ah … it leaves in 2 minutes. Don't worry.

A：（この電車はいつ出発するのですか？）

B：（えーと、あと2分で出発しますよ。ご心配なく。）

今ならもうわかりますよね。現在形の CORE は「**今を中心に動きや変化がない**」でした。ですから、Q C の答えは、「**電車のダイヤは決められていて動きがないから**」です。

未来の文脈とはいえ、ここでは、「**決められて動きがない予定**」、すなわち、「ダイヤとしては…」というイメージで、「この電車は何時に出るのですか？」「2分後に出ます」という会話をしているのです。このように、話している人が「**動きや変化を感じていない**」のであれば、それが**未来のことであれ、現在形を使うことができる**のです。

PART 2

コアを意識して例文を見てみよう

最後に例文をいくつか載せておきますので、現在形の CORE を意識しながら、声に出して読んでみてください。現在形を使って、「話せる！　書ける！」が目標ですよ。

What do you do?

いつも変わらず何をしますか？

（仕事は何ですか？）

What do you do for fun?

楽しむためにいつも変わらず何をしますか？

（趣味は何ですか？）

We live in Kanagawa.
(わたしたちは神奈川に住んでいます。)

I love chocolate.
(チョコが大好きです。)

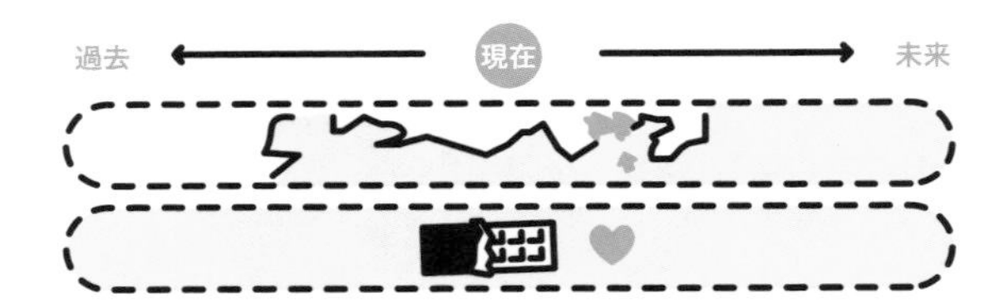

He always makes fun of the children.
(彼はいつもその子どもたちをからかいます。)

It rains a lot in June in Japan.
(日本では6月に雨が多く降る。)

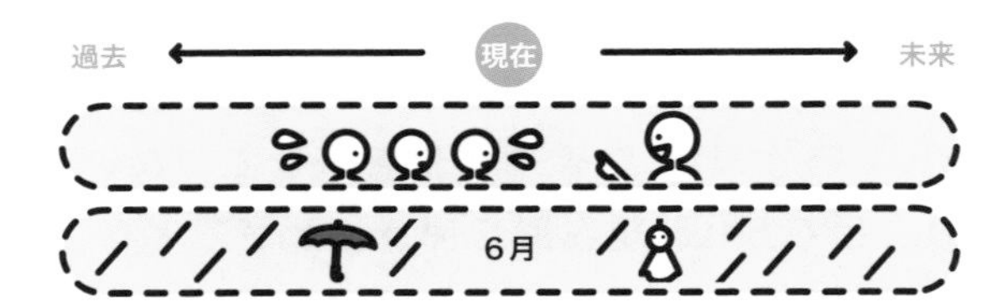

Light travels faster than sound.
(光は音よりも速く進む。)

The train leaves Tokyo at 9:21 and arrives at Chigasaki at 10:10.
(電車は9時21分に東京を出て10時10分に茅ヶ崎に着きます。)

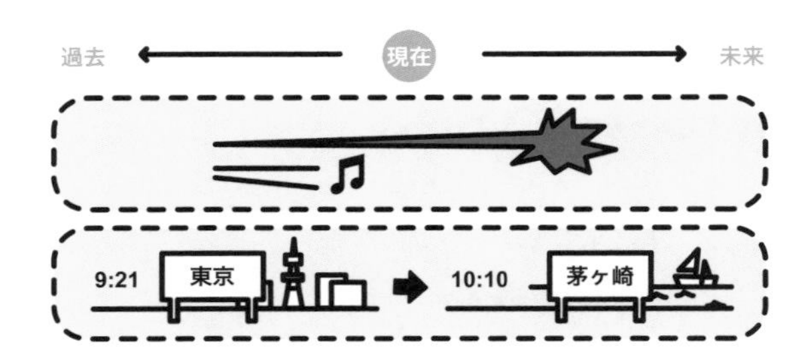

\ NEW /
APPROACH

現在形

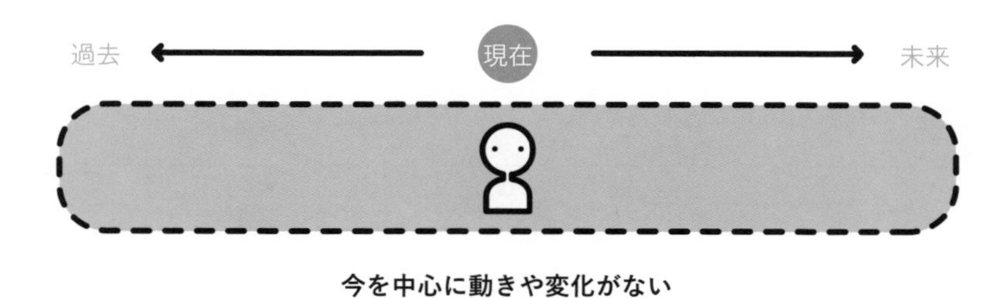

現在形の CORE「**今を中心に動きや変化がない**」を意識する。

現在進行形＝「今〜している」では不十分

さて、現在形をマスターしたところで、次は**現在進行形**です。現在進行形といえば、**is / am / are ＋ doing** のカタチをとりますが、従来の学習では現在進行形はどのように学習してきたでしょうか。大抵「**〜している**」という意味になる、とだけ学んで学習を終えてしまっているのではないでしょうか。「**状態動詞は進行形にならない**」というルールを学んだ記憶があるでしょうか？ もしかすると、その状態動詞をリストアップして丸暗記した記憶がある人もいるのでは？ しかし、それらは本当に丸暗記する必要があったのでしょうか。

TRADITIONAL WAY

1. 現在進行形は「〜している」という意味になる。
2. 現在進行中の動作や出来事を表す。
3. 状態動詞は進行形にならない。
4. 現在進行形が確定的な未来を表すことがある。

TRADITIONAL WAY にあることは、たしかに部分的には、正しいことを語っています。しかし、これでは肝心の現在進行形の CORE がみえてきません。現在進行形の CORE はいったい何なのでしょうか。

現在進行形は「動いている」

1970 〜 80 年代に活躍したロックバンド Queen の『Don’t Stop Me Now』という曲の歌詞に、“Don’t stop me now. I’m having such a good time.” とあります。have は「状態動詞」だとよく言われています。となると、「状態動詞は進行形にしない」というルール、なんだか怪しいですよね。

では、ここでコアを紹介しましょう。

現在進行形のCORE は「**始まっているけど終わっていない、すなわち、動いている**」です。

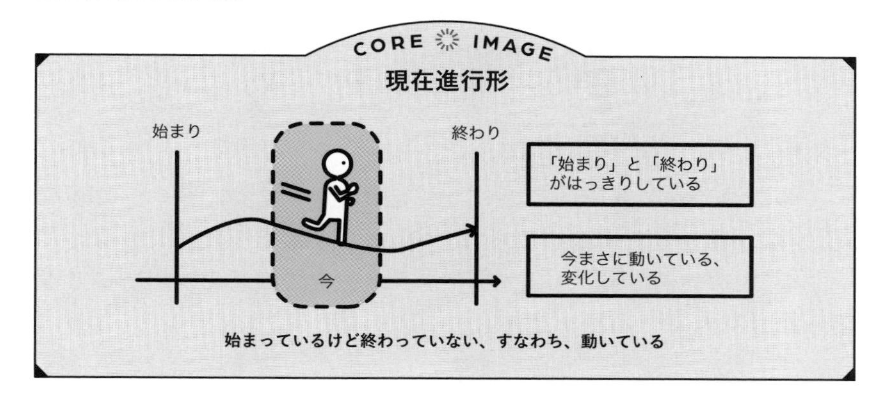

このCORE IMAGEを見てわかるとおり、まさに「今」動いている感じがしますよね。これが現在進行形です。現在形が「**動きや変化が感じられない**」イメージをもつ一方で、現在進行形は「**今まさに動いている、変化している**」イメージをもちます。言うなれば、**現在形は写真、現在進行形はムービー**です。現在形がものごとを静止画のように表現しているとすれば、現在進行形は動画のように表現しているのです。写真とは異なり、ムービーには**始まり**と**終わり**があることも大切なポイントです。もう1度確認しましょう。現在進行形のCORE は、「**始まっているけど終わっていない、すなわち、動いている**」です。では、次の例文をみてください。

❶ She plays the clarinet every day.
（彼女は毎日クラリネットを吹きます。）

❷ She is playing the clarinet now.
（彼女は今クラリネットを吹いています。）

PART 2

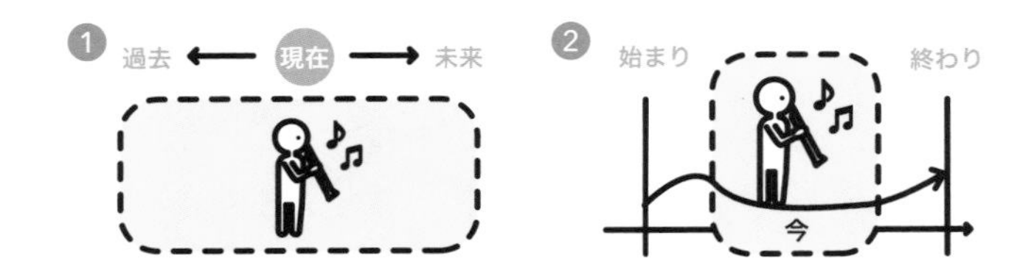

この２つの文の違いはとてもわかりやすいですね。❶の文は現在形です。「**動きや変化が感じられない**」ような**習慣**を表す文になっています。この場合、「彼女」がクラリネットを**今この時に吹いているかどうかは問題ではありません**。

一方、❷の文は現在進行形です。この文には**動き**が感じられます。彼女は「クラリネットを吹き始めたけどまだ吹き終えていない、すなわち、**演奏中**」という意味です。ここまではよいですね。それでは、1の冒頭で出したQ A を思い出してみましょう。

A 次の文で、オーケストラの指揮者は、フルート奏者に何を伝えようとしているでしょうか？

Oh, flute! You are playing so loudly today. Why? You usually play much more carefully.

まず、前半の "You are playing so loudly today." は、「**今まさに動いている**」感じがします。フルート奏者は「今まさにうるさく吹いている」のです。指揮者がそれを直すべく指摘しているのですね。

現在進行形は「（行為や状態の）一時性」を示唆（しさ）する

後半の、“You usually play much more carefully.” は現在形が使われています。この文は「君は普段はもっとていねいに(フルートを)吹く」という「**事実**」もしくは「**習慣**」を述べている文です。この文には「動き」が感じられないことがわかりますね。ですから、Q◀A の答えは、「**今まさにうるさく吹いているフルート奏者に、普段のようにていねいに吹くよう伝えている**」となります。

つまり、この指揮者は、**現在進行形と現在形を使い分けることで、フルート奏者の「今の吹き方」と「普段の吹き方」が違うことを指摘している**のです。現在進行形の「**今まさに動いている**」感覚、だんだんわかってきたでしょうか。

では、次の場合はどうでしょう。

＜電話を受けて…＞

Sorry, but I'm still working. Can you call me later?
(ごめん、まだ仕事中なの。あとで電話くれる？)

この文でも現在進行形が使われているので、「今」忙しく仕事をしているという、**動き**が感じられる発言です。そして、同時に仕事が「まだ終わっていない」ことを相手に伝えていることがわかります。この人はこれからも仕事を続けるのです。このように**始まり**と**終わり**が意識されるのが、現在進行形の特徴です。

たとえば、“My computer works perfectly.” と言えば、「わたしのコンピューターは完璧に動いている」という「**動きや変化が感じられない**」**事実**の文になります。しかし、“My computer is working perfectly.” と言えば、「始まり」と「終わり」が意識されているので、「今のところはちゃんと動いている」つまり、「**今まさに動いている**」けれど、「それがいつかは終わってしまう(かもしれない)」ような含みがある文になるのです。

現在形と現在進行形の使い分け

続いて、次の2つの文の違いがわかるでしょうか?

① My father lives in Osaka.
② My father is living in Osaka.

それでは、説明しましょう。①の文は単純に「父は大阪に住んでいます」という**事実**を言っている文です。東京で1人暮らしをしている大学生が、友人から「お父さんはどこに住んでいるの?」と聞かれたら、このように現在形で答えることでしょう。

一方、②の文は現在進行形です。「始まり」と「終わり」が意識されているので、「父は、今は大阪に住んでいるが、それはこの先ずっとというわけではない」というようなニュアンスです。父親が単身赴任で、一時的に大阪で暮らしているのであれば、このように言うことができます。

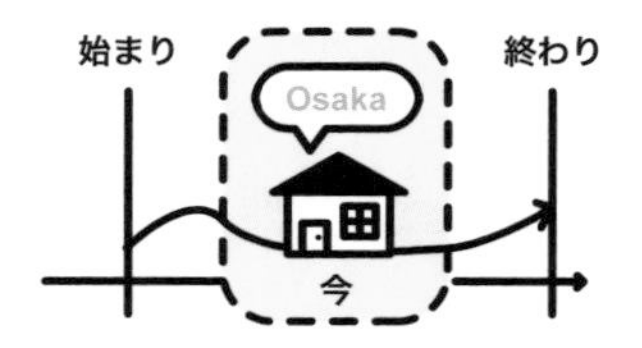

「始まり」と「終わり」が意識され、
"住み終わる"ことが想定されるため、
一時的に住んでいることが伝わる

また、留学中、"Where are you living?"と聞かれたとします。相手があなたを留学生と知っているのならば、「(この留学中は)どこに住んでいるの?」と聞いてきたということです。この場合にも、「始まり」と「終わり」の意識がありますね。

ここで1の冒頭のQ-Bに戻りましょう。

B 恋人に言われて喜ぶべきは、次のどちらの表現でしょうか？

❶ You are kind.
❷ You are being kind.

Q-B の答えは、❶ **You are kind.** です。❶は「あなたって優しいわよね」と言われています。一方で、❷は現在進行形なので「始まり」と「終わり」が見えます。つまり、こんな感じでしょうか。"Hey! What happened to you? You are being kind to me today."（ねぇ、どうしちゃったの？ あなた今日はなんだかわたしに優しいわよ）、暗に「普段は優しくない」と言われているようなものですね。

PART 2

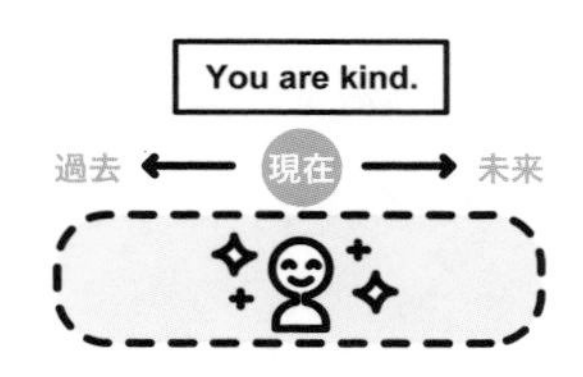

現在進行形のCOREを意識しながら、次の例文を声に出して読んでみてください。

Look! She is running in the rain!
（見て！ 彼女、雨の中を走っているよ！）

What are you doing? This is a public place, you know.
（君たち何をやっているんだ。ここは公共の場だよ。わかるでしょ。）

Don't stop me now. I'm having such a good time.
（止めないで、今。楽しんでるんだから。）

Why is Edward behaving so selfishly?
（何でエドワードはあんなに自分勝手なことやってるの？）

状態動詞は進行形にならない？

ここで、「**状態動詞は進行形にならない**」という例のルールについて考えてみましょう。勘のいい人は気づいていたかもしれません。実は、1ですでに、**状態動詞を進行形で使っている**例文が多数あったのです。

You are being kind today.
（今日は、あなたは優しい。）

My father is living in Osaka.
（父は、今は大阪に住んでいます。）

Don't stop me now. I'm having such a good time.
（止めないで、今。楽しんでいるんだから。）

どうでしょう？ be 動詞も、live も have も状態動詞のはずですよね。「状態動詞は進行形にならない」というルールですが、実はそんなことはないのです。たとえ状態動詞でも、「**動いている**」という感じがあれば、現在進行形になり得ます。では、どうして「状態動詞は進行形にならない」と言われるのでしょうか？

代表的な**状態動詞**としては、be、live、have のほかにも、resemble（似ている）や belong（属している）などがあります。

I think you resemble your mother.
（私は君がお母さんに似ていると思うよ。）

Ruth doesn't belong to any political party.
（ルースはどの政党にも属していません。）

状態動詞は、通常、このように現在形で使われることの多い動詞です。なぜでしょうか？ 現在形の CORE である「**今を中心に動きや変化がない**」を思い出してみてください。「似ている」や「属している」「住んでいる（live）」「愛している（love）」などの状態動詞は、「動作

(行為)」でなく、「状態」を表すため、**動きや変化が感じられない**のです。ですから、現在形と相性がとても良く、「状態動詞は進行形にしない」と理解されてしまいがちなんですね。しかし、「状態動詞は進行形にしない」は言い過ぎです。これからは、「**状態動詞は現在形と相性が良い**」と覚えてください。

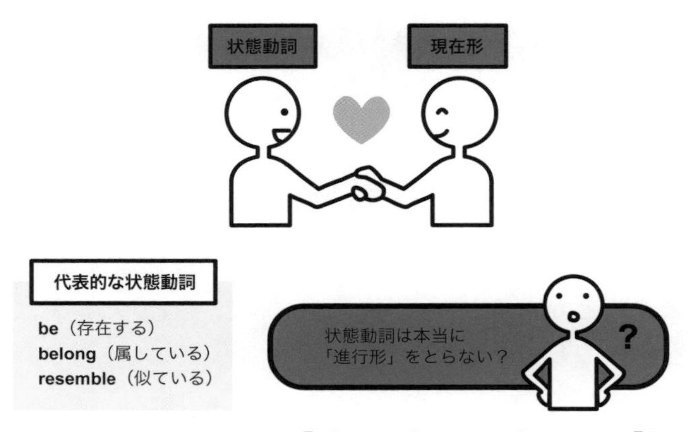

状態動詞であっても、そこに「動きや変化」を感じたり、「始まり」と「終わり」が意識されていたりすれば、進行形で使います。

たとえば、have はたしかに、“I have two cars.”(車を 2 台持っているんだ)などの例のように、現在形で使うことが多いです。「持っている」は「**状態**」ですから、現在形と相性が良いのです。

しかし、“Don’t stop me now. I’m having such a good time.”(止めないで、今。楽しんでいるんだから)という文ではどうでしょうか？ 今、大好きな子と一緒にいて、映画に行って、ご飯食べてお話しして、楽しんでいる最中なんだ……。こちらは、「**始まっているけど終わっていない、すなわち、動いている**」感じがしますよね。さきほど出てきた、resemble(似ている)についても考えてみましょう。

She is gradually resembling her mother more and more.
(あの子はだんだんお母さんに似てきているなぁ。)

容姿に変化(動き)が生じている

この場合、現在進行形がふさわしいと思いませんか？ 現在進行形の「**動いている**」感じがでていますよね。

確定的な未来を現在進行形で表す？

さて今度は、あの呪文のように暗記した、「**現在進行形が確定的な未来を表すことがある**」について説明しましょう。たとえば、次の文はどんな意味でしょうか。

The bus is stopping.

この文は、「バスが止まっている」という意味ではありません。「バスが止まろうとしている」というような意味です。現在進行形のCOREは、「**始まっているけど終わっていない、すなわち、動いている**」でしたね。これを少しだけ応用して、「ある意味では始まっているが、まだしていない」、すなわち、「**〜しつつある**」という意味で使うことができるのです。たとえば、バスが減速を始めて、前方にはバス停が見えている…そんなときに “The bus is stopping.” と言うことができます。ある意味では、「止まる」が始まっていますから、止まりつつあるんですね。

同じような例として、飛行機の着陸間際のアナウンスなどがあります。

Ladies and gentlemen. We are arriving at London Heathrow Airport in about 15 minutes.
（みなさま、当機はおよそ 15 分でロンドン・ヒースロー空港に到着いたします。）

高度が落ちはじめ、ある意味で、もう **arrive** が始まっている。

ある意味で arrive（到着する）が始まっているけど、まだ到着はしていない、到着に向かって**動いている**といった感じです。これが**現在進行形で未来のことを語る**ときの感覚です。

20 時から始まる映画の放送を楽しみにしていたら、19 時 55 分ごろ友だちから電話がありました。話を聞くと長くなりそうだったので、こう言います。

PART 2

I'm sorry, but I'm watching Totoro tonight. Can I call you back later?
（ごめん！今夜はトトロみるんだ。あとで、かけなおしてもいい？）

この例では、まだ実際に映画を見てはいません。ですが、気持ちのうえではすでに watch（みる）が始まっているのです。もう気持ちが**動いている**のです。このようなときにも、現在進行形で未来を語ることができます。"I'm leaving for New York tomorrow."（明日ニューヨークに旅立つんだ）のような例でも同じですね。すでに気持ちのうえでは leave（出発）している、ある意味では旅が始まっているんですね。そういう意味では、「**確定的な未来**」でもいいのかもしれません。しかし、ただ用法を丸暗記しても、心から使うことはできません。そもそも、すでに 1 の前半で説明したように、現在形も「確定的な未来」を語ることができます。「**動きや変化が感じられない**」という点では、むしろ現在形の方が「確定的な未来」ともとれますよね。

ある意味では始まっているけどまだしていない、すなわち、「**〜しつつある**」という意味で使う現在進行形の例を、もう少し載せておきます。現在進行形の CORE を意識して、声に出して読んでみてください。

I'm seeing Keely tomorrow morning.
（明日の朝、キーリーと会うことになっているんです。）

Are you coming to the pub tonight?
今夜、パブに行く方向に気持ちが動いている？
（今夜パブに行くつもり？／今夜パブに行かない？）

The population of wild Siberian tigers is dying out.
シベリアンタイガーの個体数は、絶滅の方向に動いている。
（シベリアンタイガーの野生種は絶滅しつつある。）

現在形と現在進行形、いかがでしたでしょうか？「**今を中心に動きや変化がない**」の現在形、「**始まっているけど終わっていない、すなわち、動いている**」の現在進行形。使い分けて、表現の幅を広げてみてください。

\ NEW /
APPROACH

現在進行形

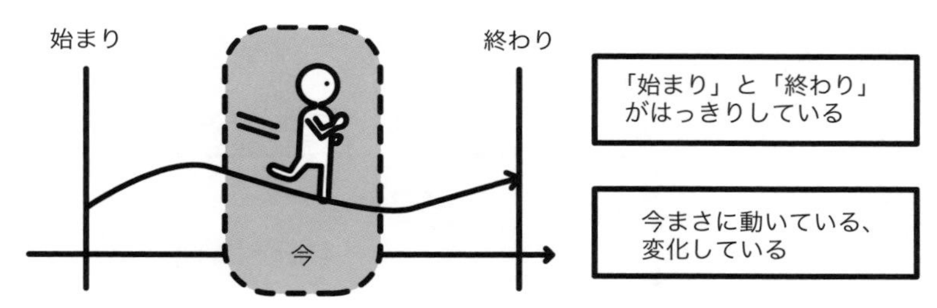

始まっているけど終わっていない、すなわち、動いている

❶ 現在進行形の CORE「**始まっているけど終わっていない、すなわち、動いている**」を意識する。

❷ 状態動詞でも、「**動いている**」という感じがあれば、現在進行形で表現することができる。

❸ 「動いている」というニュアンスから、「**～しつつある**」という未来を表すことができる。

COLUMN

“時制と相”

ものごとのありようについて英語では「相」で表します。これは、少し専門的な内容になりますが、大切なことなので説明します。

- ・単純相 ＝ シンプル、動きがない感じ
- ・進行相 ＝ 動きがある感じ
- ・完了相 ＝ もうなされた感じ

日本の英語教育で「時制」と呼ばれているものは、実は「時制と相の組み合わせ」なのです。

現在時制	＋単純相	＝	現在形
	＋進行相	＝	現在進行形
	＋完了相	＝	現在完了形
過去時制	＋単純相	＝	過去形
	＋進行相	＝	過去進行形
	＋完了相	＝	過去完了形

こう考えればI have finished it.（もうそれをやり終えたよ）が「今」に重きが置かれている文として使えますよね。時制が現在時制ですから。

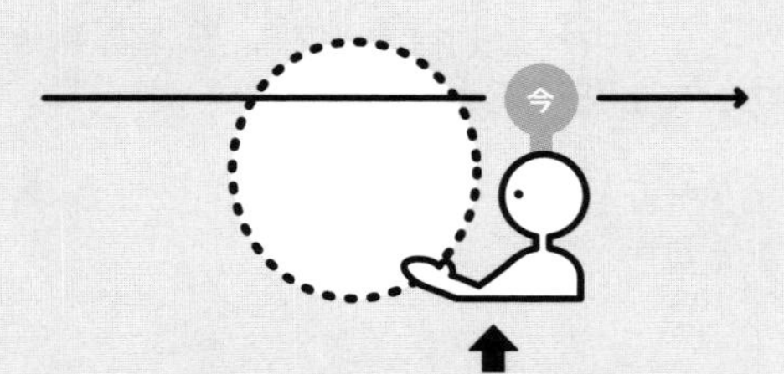

今 have しているところが重要！

SECTION 2

現在完了形と過去形を攻略する

今とのつながりが、ある？ ない？

時制の「使い分け」攻略、今度は**現在完了形**と**過去形**です。え？ そんなの簡単ですか？ もしかすると、こんな感じの理解をしていませんか？「過去形は『過去』のことで、現在完了は『完了』『結果』『経験』『継続』」。お手本のような答えですが、それでは次のクイズに答えられるでしょうか？

A 次のうち、どちらの答え方が自然でしょうか？ ➡ 答え p.078

A：Hey! What are you doing? Let's go back home.
B：❶ I lost my wallet. / ❷ I've lost my wallet.
I can't find it.

A：（ねぇ、何してるの？ 家に帰ろうよ。）
B：（サイフなくしちゃったんだよ。見つからないんだ。）

B 過去形（と過去進行形）が使われています。話し手の意図がわかるでしょうか？ ➡ 答え p.082

I was wondering if you could give me a hand.

いざ、このように聞かれると、とまどってしまう人も多いのではないでしょうか。現在形と現在進行形の使い分けと同じように、ここでは、現在完了形と過去形の使い分けができるようになることを目指しましょう。

現在完了形は「過去を抱えている今」

現在完了形といえば、中学生のときに、**have / has ＋過去分詞形**のカタチで、意味は４つ、「**完了**」「**結果**」「**経験**」「**継続**」であると暗記しましたよね。確認してみましょう。

TRADITIONAL WAY

1 現在完了形の「完了」用法

I have already finished my homework.

（宿題はもう終えてあります。）

2 現在完了形の「結果」用法

The train has just left.

（電車がちょうど行ってしまった。）

3 現在完了形の「経験」用法

I've eaten authentic Spanish paella.

（本格的なスペイン料理のパエリアを食べたことがあります。）

4 現在完了形の「継続」用法

We've known each other for more than 10 years.

（もうお互い10年以上知り合いです。）

思い出しましたか？ しかし、よく考えてみると「経験」って、別に過去形でもよいと思いませんか？ 中学生のとき、そのような疑問を抱いた人も少なからずいるのではないでしょうか。

たとえば、"I ate authentic Spanish paella yesterday."（昨日、本格的なスペイン料理のパエリアを食べました）という過去形を使った文があります。これも立派な「経験」ですよね。3の例文のように現在完了形にしなくても、過去形でもよいと思ってしまいませんか？

"I finished my homework 3 days ago."（宿題は3日前にやってしまったよ）という文は過去形です。これだって、「完了」したことを表していますよね。つまり、一見わかった気になるような「完了」「結果」「経験」「継続」という覚え方は、実際、わかった気になっているだけなのです。この謎を解くためには、現在完了形で **have / has** が使われるのはなぜなのかを知る必要があります。

have のコア

現在完了形を本質的に理解するカギは、**have** にあります。have の CORE は、「**自分の領域に持っている**」です。

"A have B." という文の場合は、「**A は自分の領域に B を持っている**」ということです。この「**自分の領域**」というのがとても重要です。

I have three sisters, but they are not in Japan now.
(私には 3 人姉がいるのです。でもみんな今は日本にはいないんです。)

have をこのように使うことがありますよね。物理的に持っていなくても(手には持たずとも)、ある意味での**自分の領域**に持っていれば、have を使うことができるわけです。"Don't stop me now. I'm having such a good time."(止めないで。いま楽しんでいるんだから)という 1 で見た文からもわかるように、「経験している(した)時間」を have することもできるのです。「昨日、ジャックの家で楽しく過ごした」と言いたいのであれば、"We had a good time at Jack's house yesterday." と言うことができます。**「自分の領域」に「経験している(した)時間」を have することもできる**のです。

現在完了形のコア

さて、ここで再び話を時制に戻しましょう。すでに説明したように、現在完了形はhave / has ＋過去分詞です。過去分詞は「**〜をし終えた**」という意味です。つまり、現在完了形は、『**「〜し終えた」ということを今持っている**』ということです。言い換えれば、「**過去にすでに起きたことを今抱えている**」を表します。次の現在完了形のCORE IMAGEを見ると、わかりやすいでしょう。

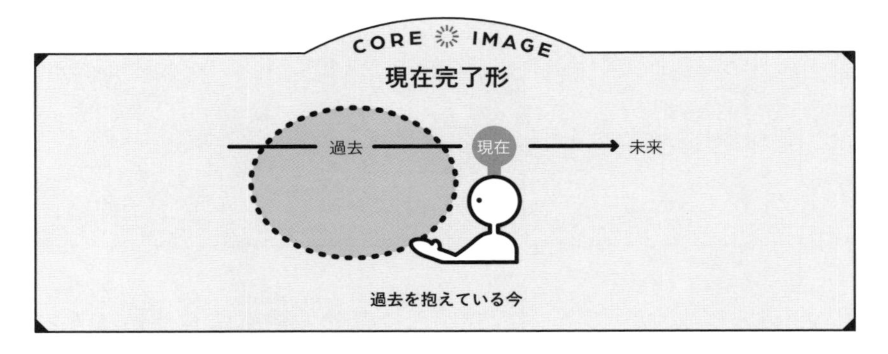

このように「**過去を抱えている今**」こそ、現在完了形のCOREなのです。現在完了形では、**過去と今とはつながっています。過去の影響を今受けている**といってもよいでしょう。今に焦点があるからこそ、現在完了形なのです。例を見てみましょう。

Have you ever visited Bali? — Yeah, I've been there twice.
(バリ島を訪れたことはある？—うん、2回行ったよ。)

この会話では、「(過去の)いつ行ったのか」という情報は問題に

なっていません。「過去にバリ島に行った経験を今持っているか」をたずね、「過去に2回行ったという経験を今持っている」ということを答えているのです。このように「**過去を抱えている今**」を表すのが現在完了なのですね。次の会話の例も見てみましょう。

A：Hey, how have you been?
(やぁ、どうしてた？)

B：You are . . . Andrew? You've changed a lot!
Have you put on some weight?
(あなた……アンドリュー？ ずいぶん変わったわね！ 少し太ったんじゃない？)

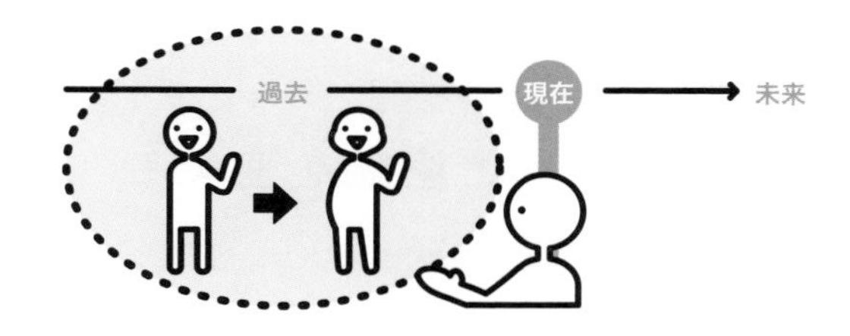

PART 2

この会話では、現在完了形が多用されています。2人は久しぶりに会ったのだということがわかりますか？ このような状況では、「**過去を抱えている今**」の現在完了形で表現するのがぴったりです。「前に会ったときから今までの間に」という気持ちが込められるからです。"How have you been?" の「(前にあったときから今までの間) どうしてた？」や、"You've changed a lot! Have you put on some weight?" の「(前に会ったときから今までの間に) ずいぶん変わったね。少し太ったんじゃない？」はまさにそのニュアンスですね。

おまけでもうひとつ。次の例文はどうでしょうか？

Oliver has been absent from school for a week.
（オリバーは１週間学校を休んでいます。）

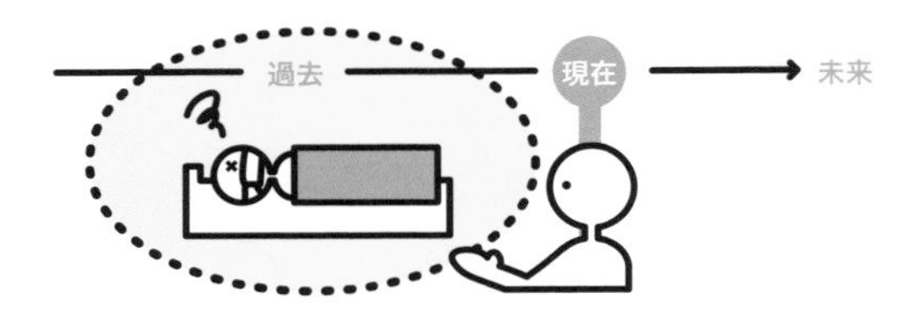

１週間前から今までの間ずっと学校を休んでいるわけですから、現在完了形が使われているのです。「**過去を抱えている今**」が現在完了形、もうわかってきましたね。

「用法」から「コア」へと意識を変える

次の例文をみてください。

❶「完了／結果」用法

You've changed a lot!
（ずいぶん変わったわね！）

❷「経験」用法

Have you ever visited Bali?
（バリ島を訪れたことある？）

❸「継続」用法

Oliver has been absent from school for a week.
（オリバーは１週間学校を休んでいます。）

すでにお気づきかもしれませんが、「完了」「結果」「経験」「継続」という用法のどれをとってもコアは同じで、「**過去を抱えている今**」です。どの用法も、**過去の影響を受けた今について語っている**に過ぎないのです。

用法に分類して暗記することにとらわれるのでなく、コアを意識し、「**表現できるようになる**」ことを目標に文法を使いこなしたいですね。

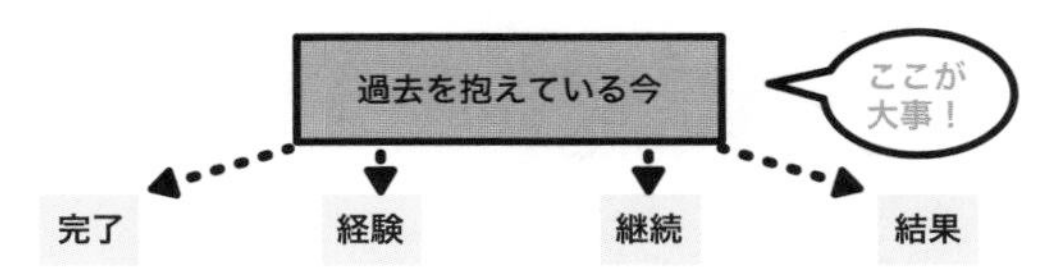

1つのコアから、状況に応じ、用法（意味）が変化しているだけ

ところで、この話をふまえれば、次のことが言えます。"I have talked to Jack."という文の用法は何でしょうか。これだけではわかりませんよね。なぜかと言えば、現在完了形の意味そのものは「**過去を抱えている今**」という、とてもあいまいでシンプルなものだからです。たとえば、ジャックが会社の上司だとしましょう……。

これらの場合すべてで、"I have talked to Jack."と言うことができます。通常は、**already**(すでに)、**never**(1度も〜ない)、**just**(ちょうど)、**twice**(2回)などの**副詞**を一緒に使うことで、どのような意味で現在完了形を使ったのかを明らかにします。結局重要なのは、「用法」ではなく、「コア」だということです。

I have talked to Jack.

➡ I have already talked to Jack.
（完了 もうすでにジャックと話をした。）

➡ I've never talked to Jack.
（経験 ジャックと話した事は一度もない。）

➡ I've just talked to Jack.
（結果 ちょうどジャックと話してきたところだ。）

➡ I have talked to Jack twice.
（経験 ジャックと２回話したことがある。）

➡ I've talked to Jack for three days.
（継続 ３日間、ジャックと話した。）

このように、現在完了形の文が「完了」なのか「経験」なのか「継続」なのかは、どんな副詞表現と一緒に用いたのかによって決まります。現在完了形そのものの意味は、実はとても漠然（ばくぜん）としていてあいまいなのです。

現在完了形の CORE は「**過去を抱えている今**」であるということを、確認しておきましょう。

現在完了形は過去の副詞とは相入れない!?

ここで、もうひとつ重要なことを理解しましょう。現在完了形は「**過去を抱えている今**」を表していますから、**過去を表す副詞表現とは相性が悪い**ということです。過去を表す副詞表現、**yesterday**（昨日）、**three years ago**（３年前）、**when she was a child**（彼女が子どもだったころ）などがそうですが、これらは**過去形**と一緒に用いるものです。

They left for London yesterday.
（彼らは、昨日ロンドンに向けて旅立ちました。）

Yumi graduated from Keio University three years ago.
（ユミは、３年前に慶應義塾大学を卒業しました。）

Joanna acquired perfect pitch when she was a child.
（ジョアナは、子どものころに絶対音感を獲得しました。）

では、最後に現在完了の例文を、さらにいくつか載せておきます。全部声に出して読んでみてください。頭の中で現在完了形のCOREをしっかりと意識することを忘れないでくださいね。

Spring has come.

春がやってきて、今も春。

(春がやって来ました。)

Asumi has gone to New Zealand. I miss her so much.

ニュージーランドに発ったのは過去だが、今もそこにいて、今私は寂しい。

(アスミはニュージーランドに行ってしまいました。とても寂しいです。)

I have always believed in the principle of free speech.

過去から今に至るまでいつも私は言論の自由という原理を信じてきた。

(私は言論の自由という原理をいつも信じてきました。)

No worries. I've eaten *natto* many times.

私は今までに何度も納豆を食べたという経験がある。

(心配しないで。私、納豆は何度も食べたことあるから。)

\ NEW /
APPROACH

現在完了形

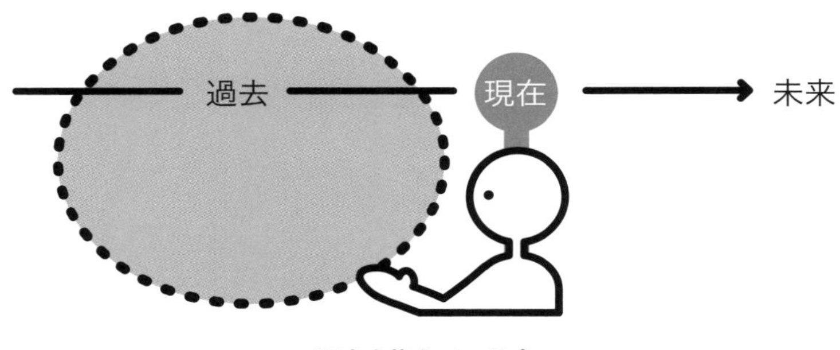

❶ 現在完了形の CORE「**過去を抱えている今**」を意識する。

❷ 現在完了形は過去を表す副詞表現と一緒には用いない。

過去形と現在完了形の違い

過去のことを回想し、「…が〜した」のような**シンプルに過去を語る**際には**過去形**が用いられます。「シンプルに」というのは、過去に起きた事をただ「**記述・報告する**」ということです。たとえば、“The president had a heart attack last week.” と言えば、「大統領は先週、心臓発作で倒れました」という事実の「報告」です。

また、“In London, everything was wonderful except the food.” と言えば、「ロンドンでは、食べ物以外は全部素晴らしかったです」というように、ロンドンを訪れたときのことを思い出して、「記述(報告)」したことになります。

ここまではいいですね？ さて、問題は**現在完了形**との違いです。現在完了形も過去のことを語るのですが、焦点は「今」にあり、「**過去を抱えている今**」を表現するカタチであることはすでに学びました。

一方、過去形の CORE は「**今とは切り離された感覚**」です。

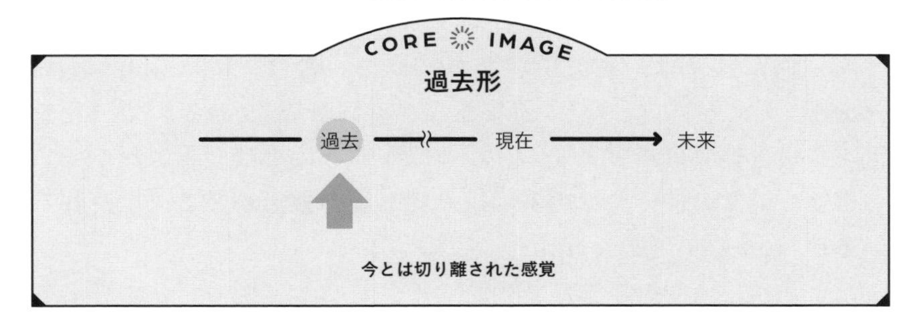

話している人は、「今」に存在しています。その**今とつながりがあるか、ないか**。これこそが現在完了形と過去形の違いですね。

❶ Alice lived in Japan when she was a child.
(アリスは、子どものころ日本に住んでいました。)

❷ Alice has lived in Japan since she was a child.
(アリスは、子どものころから日本に住んでいます。)

①では、アリスは、今、日本に住んでいるかどうかは不明です。**過去形**が使われているので、**シンプルに過去の事実を描写している**のです。一方、②の例は**現在完了形**ですから、**今とのつながり**があります。「過去から今までずっと日本に住んでいる」ということです。このように、過去形を使うと、話し手が話している時点の**今とは切り離された感覚**がします。**今自分がいるところからは遠い**ような感覚が出るのです。

それでは、次の２つはどうでしょう。

① I went to Paris twice when I was young.
（私は、若いころに、パリに２度行きました。）

② I have been to Paris twice.
（私は、パリに２回行ったことがあります。）

どちらもパリに２度行ったという「経験」について語っていますから、もはや「経験」などの用法の暗記ではどのように使い分ければいいのかわからないですよね。

文法的に言えば、すでに学んだように、①の文には when I was young（若いころに）という「**過去を表す副詞表現**」があるので、**過去形**を用いなければなりません。現在完了形とは相性が悪いからです。この２つの文の使い分けの基準は、「**話し手の視点がどこに置かれているか**」しかないでしょう。

たとえば、大学の卒業旅行のために仲良し５人組でパリに行くことになったとしましょう。５人中４人が「パリは初めてだから、どこへ行ったら楽しいのかわからないね」などと話しています。そのとき、パリに行った経験のある１人は、②の**現在完了形**を使えばいいですね。"I have been to Paris twice."（私は、２回パリに行ったことがあります）だから、私ならばどこが楽しいのかわかるよというニュアンスになります。"Actually, I have been to Paris twice. So you can ask me anything!"（実はね、パリには２回行ったことがあるんだ。だから何でも聞いてよ）。こんな感じですね。

一方、❶の**過去形**を使う場合は、どのような状況でしょうか。卒業旅行のために仲良し5人組でヨーロッパのどこかの国に行く予定なのですが、どの国に行くのかが決まりません。そこで、参考になればと思い、昔パリに行ったときの経験をみんなに伝えます。"Actually, I went to Paris twice when I was young. The city was so beautiful. The people there were very kind to my family and we enjoyed it a lot."(実はね、子どものころ、2回パリに行ったんだ。あの街は本当に綺麗だったよ。パリの人たちは私の家族にとても親切にしてくれたし、本当に楽しかったよ)。こんな感じです。この場合は、シンプルに過去の出来事を描写していますよね。そう、「**今とは切り離された感覚**」で。この場合は、過去形がふさわしいのです。

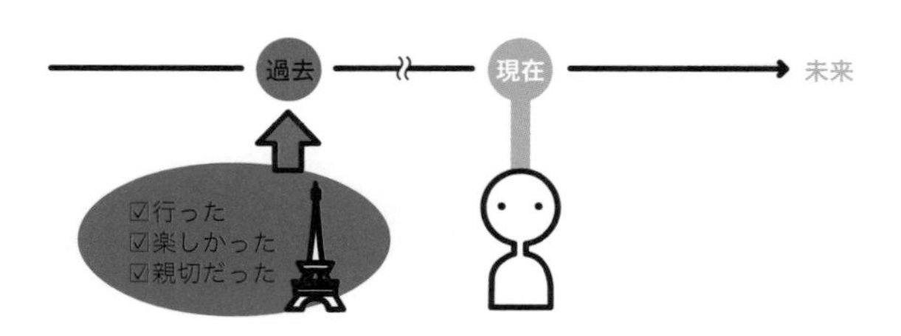

このように、「完了」「結果」「経験」「継続」といった用法に頼っていたのでは理解できないような使い分けも、それぞれの文法のCOREを学んでしまえば、あっさりと理解できてしまいます。

過去形と現在完了形を使い分けられる?

ではここで、2の冒頭で出題したQ・Aに戻ってみましょう。

PART 2

A 次のうち、どちらの答え方が自然でしょうか？

A：Hey! What are you doing? Let's go back home.
B：❶ I lost my wallet. / ❷ I've lost my wallet.
I can't find it.
A：（ねぇ、何してるの？ 家に帰ろうよ。）
B：（サイフなくしちゃったんだよ。見つからないんだ。）

もうわかりますね？ Q A の答えは、❷ **I've lost my wallet.** です。サイフを過去になくしてしまって、**今も見つかっていない**というのがポイントです。まさに「**過去を抱えている今**」ですね。この状況で、❶の "I lost my wallet." と言ったとしたら、ネイティブスピーカーは少し違和感を覚えるでしょう。"I lost my wallet." と言えば、「サイフをなくしました」という過去の事実をシンプルに報告していることになるので、今そのサイフがどうなっているのかについては触れていないような発言に聞こえるのです。

過去形なのに過去でない!?

さて、次の２つの文の意味の違いがわかりますか？

① Andy could win the tournament this year.
② Andy was able to win the tournament this year.

どちらも**過去形**が使われていますね。では、どちらも「アンディはトーナメントに今年は勝てた」という意味でしょうか？ 普通ならば、そう考えてしまいそうですよね。ところが、そうではないのです。この２つの文をネイティブスピーカーに見せたとすれば、「①は**未来**のことで、②は**過去**のことだ」という答えが返ってくることでしょう。いったいどういうことなのでしょうか？

もう１つ大切なことをおさえましょう。過去形のコアから、「今の現実」とは切り離された、「**非現実性**」「**可能性が低い**」ことを表すのに過去形を使うこともできます。過去形が現実との心理的な距離感を生んでいるのです。

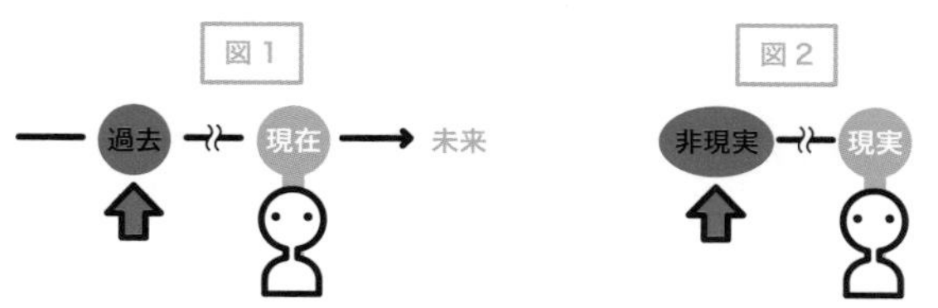

話し手のいる「今」とは離れた、「過去」に出来事を置く感覚を応用。
現実と離れたところ（非現実）にポンと置く感覚

次の例文を見てください。この文が「未来」の話をしていることは容易にわかると思います。

Andy can win the tournament this year.
（アンディは今年のトーナメントで勝てると思うよ。）

しかし、この can が過去形の could になると、時間的に過去になるのかというと、実は、そうではありません。**現実味が下がる**のです。前ページの例文を、もう１度見てみましょう。

❶ Andy could win the tournament this year.
（アンディは今年のトーナメントで勝てる…かもしれないね。）

can が could になったときのイメージは、上の 図１ のような過去形ではなく、 図２ のような過去形です。

❷の文は、単純な過去を表しています。「be able（できる）」という形容詞を過去の記述にしたのですから「できた」となるのです。

❷ Andy was able to win the tournament this year.
（アンディは今年のトーナメントで勝てました。）

過去形が「仮定」を表す

過去形には、ほかにも次のような使い方があります。

I wish I had a girlfriend.
(ガールフレンドがいたらいいのになぁ。)

この発言をした人には、実際にはガールフレンドがいません。この場合、「今」の話をしているのですが、過去形が使われていますね。**「今」の現実とは切り離された**ようすを示すために、過去形のニュアンスが応用されているのです。「君も来られたらよかったのに」と言いたければ、"I wish you could come." とします。また、相手の誘いを残念ながら断る場合、"I'm really sorry. I wish I could come with you."(本当にごめんね。一緒に行けたら良かったんだけど)などと言えばいいわけです。ちなみに、これらはいわゆる**仮定法**というやつです。「仮定法でなぜ過去形が使われるの?」という疑問も、過去形のCOREがわかれば、すんなりと理解できますよね。

依頼の文を過去形にするとていねいなお願いに

次の例文をみてください。

Could you come and see me at 11 pm tonight?
(今夜11時に会いに来てくれませんか?)

ここでも助動詞の過去形のcouldが使われています。**依頼**の文ですね。「"Can[Will] you ...?" を "Could[Would] you ...?" にすると、ていねいなお願いになる」と習ったのを覚えていますか? たしかに過去形を使うと、使わない場合よりも、「**ていねいなお願い**」になるのです。でも、「なぜ、ていねいになるか」の理由がわかりますか? 理由はこうです。過去形にすることで、「**非現実性**」を帯びるからです。たとえば、“Can you come and see me ...?” と言えば、「会いに来ることはできますか？」ですが、“Could you come and see me ...?” とすれば、「(可能性は低いと思うのですが)私に会いに来ることはできますか？」というニュアンスになります。依頼をする当人が「**可能性は低い**」と思っていることが伝わるわけですから、その分、ていねいに響くわけですね。

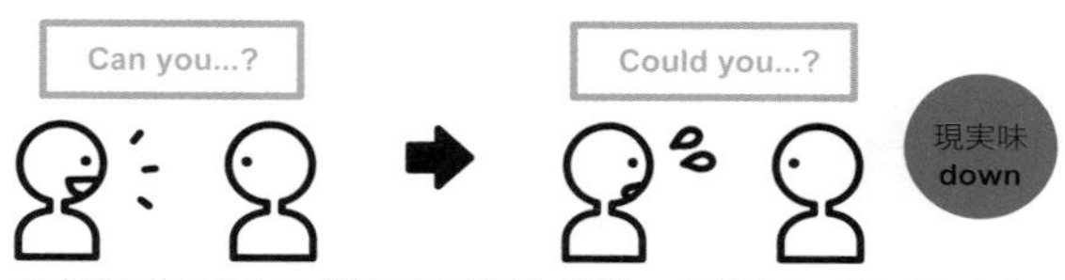

過去形を使うことで“直接的な響き”が薄れ、丁重なニュアンスになる

似たような例はほかにもあります。イギリスのホテルに予約の電話をしたとします。ホテルの方はとてもていねいに、“How long did you want to stay, sir?”(何泊なさいますか、お客様？)とたずねてきました。これも「**過去形が距離感を生む**」の応用です。“How long do you want to stay?” と言えば、「何泊したいの？」「何泊にします？」のように、やや親近感のある響きがします。一方、「現在」の文脈でありながら、あえて過去形を使うことで、「何泊したかったのですか？→何泊なさいますか？」というふうに距離感を生み、ていねいな響きになります。“What was your name again?”(お名前をもう１度教えていただけますか？)のような例でも同じですね。

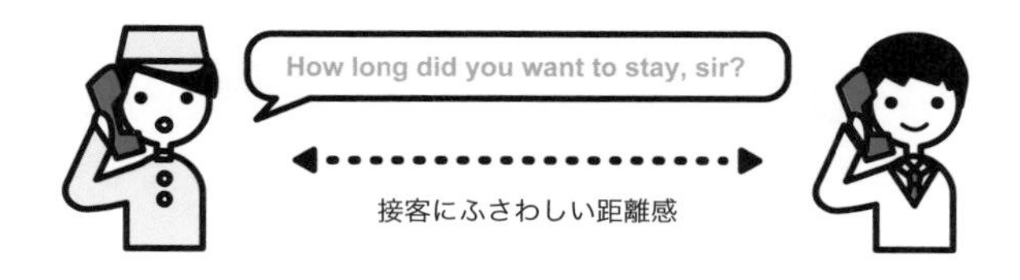

接客にふさわしい距離感

さて、最後に、2の冒頭のQ-Bをもう1度考えてみましょう。

B 過去形(と過去進行形)が使われています。話し手の意図がわかるでしょうか？

I was wondering if you could give me a hand.

結論を言ってしまうと、Q-Bの答えは、「**『手を貸していただけないでしょうか』という内容をかなりていねいに伝える意図**」です。あまりないですが、これを仮に現在形にしてみたとします。

I am wondering if you can give me a hand.
（君が手を貸してくれるかどうか考えているんだ。）

これだと現在形になっているので、直接的な表現です。しかし、過去形にすれば、"I was wondering if you could give me a hand."「(可能性は低いと思うのだけど)君が手を貸してくれるかどうか考えていたんです」ということになりますから、とてもていねいに響くわけですね。

「可能性を下げる」「現実から遠ざける」ようなニュアンスで用いられる過去形をマスターすると、表現がぐっと大人っぽくなります。根っこにある感覚は普通の過去形と同じです。「**今自分がいるところから切り離されたことを語る**」というのが過去形なのです。それは時間的に切り離された「過去」のことかもしれませんし、心理的に切り離された「現実から遠い」ものかもしれません。過去形を使いこなせるようになりたいですね。

\ NEW /
APPROACH

過去形

過去 ―― 現在 ――→ 未来

今とは切り離された感覚

❶ 過去形の CORE「**今とは切り離された感覚**」を意識する。

❷ 過去形は、今とは切り離された過去を**シンプルに記述・報告する**。

❸ 過去形は、今と切り離された「非現実性」「可能性の低さ」「距離感」から、**仮定**や**ていねいな依頼**を表す。

英語に「未来形」はない

不確定な「これから」をどう表現する？

PART 2 の最後は、**未来の表現**です。「ああ、未来形ね」と思った方もきっといますね？ 驚くかもしれませんが、実は**英語に「未来形」はない**のです。「学校で習ったよ！」と思うかもしれませんが、まずは従来の学習から整理してみましょう。

TRADITIONAL WAY

1 「未来形」は will ＋動詞の原形で表す。
2 will は be going to に言い換えることができる。

こう習った方が多いのではないでしょうか。しかし、これでは本物の「未来の表現」には遠く及びません。英語に「未来形」はなく、また、will と be going to はまったく別の表現と言えます。それでは、今回もまたクイズから挑戦してみてください。

A 突然、友人の Laura がたずねてきて、友人の Jack が交通事故にあってしまい、今病院にいるから、「一緒に病院に行ってくれない？」と頼まれました。あなたは、「わかった！ 私も行くよ」と返事をします。ふさわしい答え方は❶、❷のどちらでしょうか？

→ 答え p.089

Laura：（略）... so he is in the hospital now. Can you come with me to see him?

あなた：❶ OK! I'll come with you.

❷ OK! I'm going to come with you.

B 次の❶、❷のうち、どちらの答え方が自然でしょうか？

➡ 答え p.095

A：Don’t you think she has put on some weight?

B：Who?

A：Christina. Look at her.

B：Oh, I haven’t told you?

❶ She will have a baby in June.

❷ She is going to have a baby in June.

A：彼女少し太ったと思わない？
B：誰のこと？
A：クリスティーナよ。見て。
B：あら、言ってなかったっけ？
彼女ね、6月に赤ちゃんを産むのよ。

少し難しかったですか？ でも、この3を読み終わるころには、簡単に正解を導き出せるようになっているので、ご心配なく。

英語に「未来形」はない

たとえば、go という動詞の現在形はといえば、go / goes というカタチで用いますね。過去形なら、went というカタチで用います。しかし、go に未来専用の変化形（カタチ）があるかといえば、どうでしょう？ ありませんね。

未来と聞くと、すぐに連想されるのは **will** ですね。しかし、よく考えてみてください。will は、can や may などと同じ現在形の助動

詞のはずですよね（過去形はwouldです）。このことからもわかるように、英語には「未来形」「未来時制」が存在しないのです。基本的には、**「現在形」を使って未来を表現する**ことになります。

I think he will be a professional football player.
（彼はプロのサッカー選手になるだろうと思います。）

この文において、彼がサッカー選手になるのは未来の話だからといって、will beを「未来形」と考えた場合、次に挙げる文の下線部はすべて「未来形」ということになってしまいます。

I think he can be a professional football player.
（彼はプロのサッカー選手になれると思います。）

I think he wants to be a professional football player.
（彼はプロのサッカー選手になりたいのだと思います。）

I think he is willing to be a professional football player.
（私は彼が喜んでプロのサッカー選手になると思います。）

ご覧のとおり、これらはすべて現在時制の文です。will be ... だけを「未来形」だとする理由はどこにもありません。

「未来」の事は不確定ですよね。だからこそ、英語には未来をさまざまな角度から語る方法が存在しています。willやbe going toもそのさまざまな表現のうちの1つに数えられます。すでに、1では、現在形や現在進行形を使って未来を表す場合について説明しましたね。3では、willとbe going toのCOREを学習します。

willは「意志がある」

「willは未来を表し、『〜するだろう』、『〜するつもり』を意味する」。こんなふうに覚えていませんか？ もちろん間違いではないのですが、表現に“キモチ”が乗っていません。これでは「仏つくって魂入れず」です。では、どんなキモチでネイティブスピーカーは will を使うのか。さっそく、コアに登場してもらいましょう。

will の CORE は、ずばり、「**意志がある**」です。

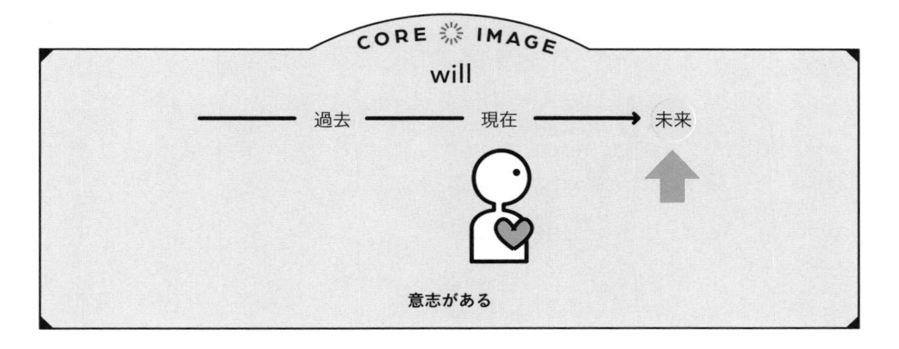

CORE IMAGE を見てください。PART 2 で、今までに出てきた図とは違い、話し手にハートマークが付いていますね。これは話し手の心に「**〜するつもりだ**」「**〜してやる**」という意志があることを示しています。辞書で名詞の will も引いてみてください。「**意志**」という意味が最初に出てくると思いますよ。では、さっそく例文をいくつかみてみましょう。

PART 2

❶ I will do my best to pass the National Exam.
(国家試験に合格するように全力を尽くすつもりです。)

❷ I will never do that again. I promise.
(2度とそんなことはしません。約束します。)

❶の例では、これから受ける国家試験で「全力を尽くすんだ」という「意志」を will で表現しています。❷の例では、never を伴うことで、「2度としない」という「意志」を相手に示し、「約束」しています。この2つの例文から見てとれることはなんでしょうか？ それは、will で表される「意志」は、ある程度、**確固とした強いもの**であるということです。**勢い**のようなものが感じられるのです。

勢いのある「意志」

will の「意志」は、ある程度確固としていて強い、**勢い**あるものなので、「**約束**」「**脅し**」「**誓い**」「**曲げない主張**」「**確固とした親しみのある申し出**」などで使われ、日常会話で多用されます。次の例文は、どれも will らしさが活きていることを確認してみてください。

I will write to you as soon as I arrive in Birmingham.
（ 約束 バーミンガムに着いたらすぐお手紙を書きます。）

I will get even with you!
（ 脅し 仕返ししてやるぞ！）

〈結婚式の一場面で〉
We will.
（ 誓い 誓います。）

I will go there whatever happens.
（ 曲げない主張 どんなことがあっても私はそこに行きます。）

We will help you if you need it.
（ 親しみのある申し出 あなたが必要とするなら手伝いましょう。）

どの例にも will の CORE が活きていますね。これからは、will は「未来表現に使われるやつ」なんていうあいまいな理解ではだめですよ。

パッと生まれる「意志」

will の**意志**には**勢い**があると説明しましたね。勢いに乗ってパッと「意志」が生まれる場合にも、will が使われます。

"The phone is ringing."　"I'll get it."
（「電話が鳴っていますよ」「私が取りましょう」）

"Say hello to your mother."　"Ok, I will."
(「お母さんによろしく言っといてください」「わかりました」)

これらの例では、どちらも心にパッと「意志」が生まれた感じがしますよね。とっさの状況で意志が生まれたのです。will のもつ、ある種の、「勢い」がここにも見てとれますね。

この辺で、3の冒頭のQ A を、もう1度見てみましょう。

A 突然、友人の Laura がたずねてきて、友人の Jack が交通事故にあってしまい、今病院にいるから、「一緒に病院に行ってくれない？」と頼まれました。あなたは、「わかった！ 私も行くよ」と返事をします。ふさわしい答え方は❶、❷のどちらでしょうか？

Laura：(略) … so he is in the hospital now. Can you come with me to see him?

あなた：❶ OK! I'll come with you.

❷ OK! I'm going to come with you.

もう、おわかりですね。Q A の答えは、❶ **OK! I'll come with you.** です。「一緒に行ってくれない？」と頼まれて、とっさに「一緒に行くよ！」という「意志」が生まれた感じがします。この状況では will come がぴったりですね。

PART 2

「あなたの意志」はたずねるしかない

これまで見てきたwillの例文は、すべて主語がIかweでした。これは単なる偶然ではなく、当然のことなのです。意志というのは、「自分(たち)の意志」を語るのが普通だからです。主語が二人称youの場合を考えてみましょう。「あなたの意志」を話し手が言うことはできませんので、普通は「意志」をたずねる文脈になります。「あなたは〜する意志がありますか？」という感じです。実はこれ、会話で大活躍する表現です。

Will you go out with me?
(付き合ってくれませんか？)

状況は「愛の告白」です。「あなたは私と付き合う意志がありますか？」と「相手の意志」を問うことで、「付き合ってくれませんか？」と「お願い」しています。プロポーズのセリフとして有名な、“Will you marry me?” もこれと同様です。

このように「お願い・依頼」に使えるからこそ、**“Will you ...?”** のカタチはおさえておくとたいへん便利です。窓を開けてほしければ、“Will you open the window, please?” とお願いすればいいわけです。

willの「推量」は背後に「意志」がある

ここまではwillの本質的な使い方である、「意志」のwillを見てきました。ですが、実はwillにはもう1つ大切な使い方があります。それは、**推量**です。推量のwillをくわしくみていく前に、willのCORE IMAGEをもう1度確認しておきましょう。

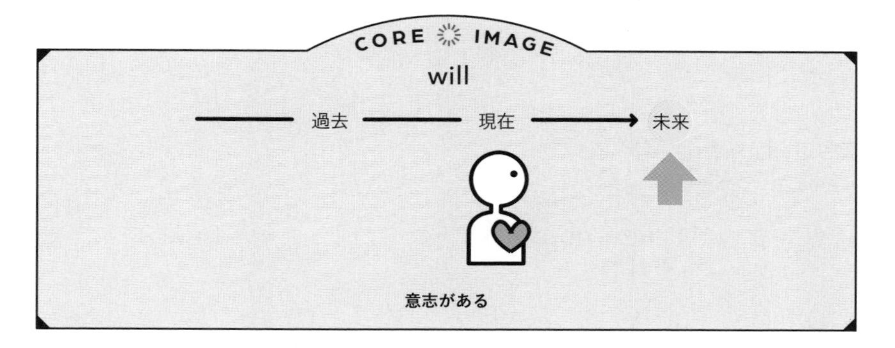

話し手の心のハートマークは“こうするぞ”という「意志」が心にあるということを示していましたね。しかし、ここでは少し見方を変えて、「**“こうなるはずだ”という推量（予測）が心にある**」というふうにイメージしてほしいのです。これが「**〜するだろう**」という推量です。“Andrew will be back in about half an hour.”（アンドリューはだいたい30分くらいで戻るでしょう）と言えば、これは「推量」の使い方です。アンドリューが30分程度で戻ることを「きっと起こる」と「推量」しているのです。この推量の使い方は、一般的に、三人称で使われることが多いのですが、次の例文のように一人称や二人称の主語でも使うこともあります。

We will be very busy tomorrow.
（明日は私たち忙しくなるでしょうね。）

You will be scolded by the teacher.
（君は先生に叱られるでしょうね。）

willの「推量」の用法で大切なことは、背後に「意志がある」ということです。わかりやすく説明しましょう。willのCOREはあくまで「**意志がある**」です。「約束」「脅し」「誓い」などに使われるということ

PART 2

を思い出してみてください。ある程度確固とした強い「意志」であり、「勢い」があることを確認しましたね。この用法が will の本質ですから、will が「推量」に使われるときは、かなり「**確実性の高い推量**」になるのです。

次の２つの文をくらべてみてください。

It will rain this afternoon.
（午後は雨でしょうね。）

It may rain this afternoon.
（午後は雨かもしれませんね。）

どちらも助動詞（will と may）を使って「推量」を表しています。ですが、will を使ったほうが、雨が降る可能性がずっと高いような印象を受けます。will の「推量」の用法は、背後に力強い「意志」があるため、確実性の高い「推量」を表すのです。

最後に、キング牧師の有名な演説文の一部をみてみましょう。「推量」の will が使われていますが、背後に力強い「意志」がみてとれるのではないでしょうか。

I have a dream that my four little children will one day live in a nation where they will not be judged by the color of their skin . . . .

『Martin Luther King, Jr., "I Have a Dream" Speech, 1963』

訳　私には夢がある、それは、私の４人の子どもたちがいつか、肌の色で判断されるようなことのない国で生きるという夢だ。

be going to の正体

will について学んだところで、もう1つの代表的な未来表現、**be going to** について考えてみましょう。従来の学習ではよく、**will = be going to** と教えられてきました。しかし、実はこの2つはまったく別の語り方で未来を表現するものなのです。be going to が使われる文として "She is going to have a baby."（彼女は赤ちゃんを[もうすぐ]産みます）を例にとって考えてみましょう。この文をよく見てみてください。すでに学んだあのカタチに似ていませんか。そうです、現在進行形とそっくりですよね。まずは次の例文（現在進行形）をみてください。

She is walking to the station.
（彼女は駅に向かって歩いています。）

まさに今、歩いている最中なんですね。ここで、現在進行形の CORE IMAGE をもう1度確認してみてみましょう。

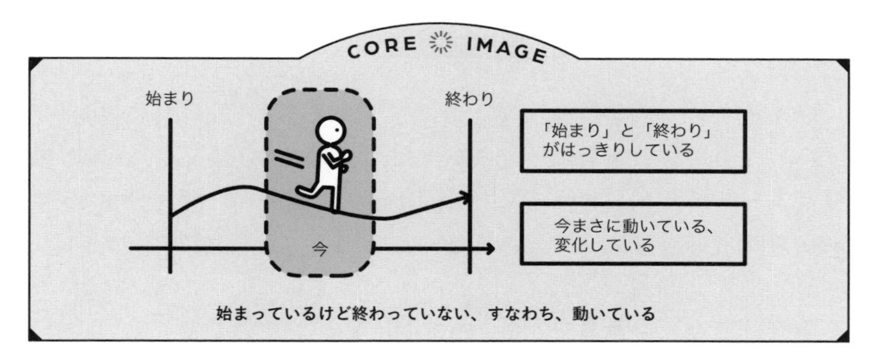

実は、この現在進行形のコアをきちんと理解することが、be going to の表現を理解するカギなのです。現在進行形の例文で使われている to という前置詞の CORE は「**対象に向かう、対象と向き合う**」です（➡ p.165）。対象というのは、時に「目的地（ゴール）」のようなものですから、これを図解すれば、次の❶の文のような感じになります。

❶ She is walking to the house.

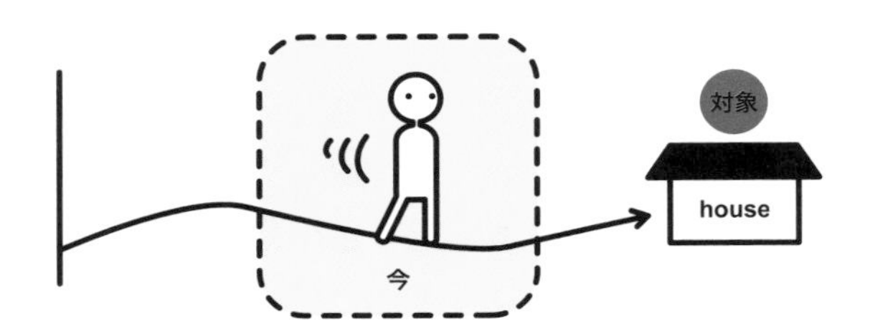

家という対象に向かって歩いている最中だということですね。では、❷の文をみてください。

❷ She is going to have a baby.

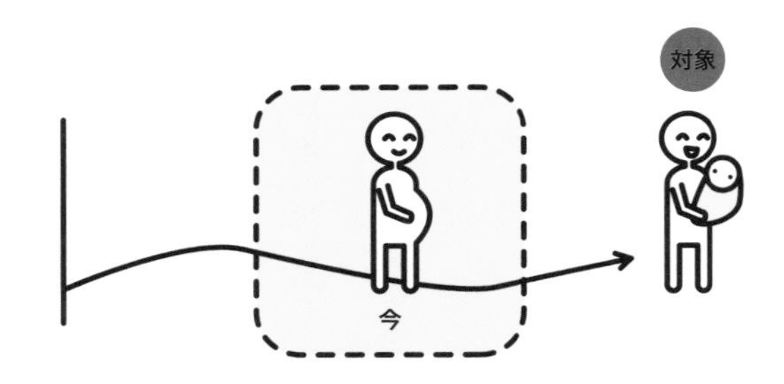

いかがでしょう。❷の文は、従来、「未来形」とも呼ばれてきたbe going toを用いた表現です。この文、上の❶の文(現在進行形)と構造がまったく同じに見えませんか？ そうなんです、**be going toは現在進行形の仲間**だったのです。「彼女は駅という対象に向かって、今歩いている最中だ」と同様、「赤ちゃんを産むという行為**に向かって事態が進んでいる最中**だ」ということを表しているのです。女性はすでに妊娠していて、赤ちゃんを産むという「流れ」に乗っているのですから。これは、現在進行形のCORE「**始まっているけど終わっていない、すなわち、動いている**」にぴったりですね。おなかに赤ちゃんがいる状況で、意志を示す"She will have a baby."とは言いません。もうおわかりですね？ be going toの正体、すなわち、be going toのCOREは、「**行為に向かって事態が進行している**」なのです。

ここで、3冒頭のQ-Bに戻ってみましょう。

考えてみよう！

B 次の❶、❷のうち、どちらの答え方が自然でしょうか？

A：Don't you think she has put on some weight?

B：Who?

A：Christina. Look at her.

B：Oh, I haven't told you?

❶ She will have a baby in June.

❷ She is going to have a baby in June.

A：彼女少し太ったと思わない？
B：誰のこと？
A：クリスティーナよ。見て。
B：あら、言ってなかったっけ？
彼女ね、6月に赤ちゃんを産むのよ。

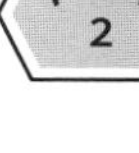

もう、おわかりですね。Q-Bの答えは、❷ **She is going to have a baby in June.** です。

be going to は、「**〜しそうだ**」「**〜になりそうな状況だ**」「**計画として〜することになっている**」「**〜するつもりだ**」「**〜しようと思っている**」など、さまざまな意味で使うことができます。"We're going to get a new house soon."（近いうちに新しい家を手に入れるつもりです）と言えば、もう事態が「家を手に入れる」という方向に向かって進んでいることを表しています。家を選ぶために不動産屋に行ったり、夫婦で予算について話し合ったりするなど、事態が進行しているということです。

ここまで読んだみなさんは、もはや will = be going to だなんて考えてはいないと思います。ですが、「念には念を」といいますから、いくつかの例でさらに違いを確認していきますね。

たとえば、「遠足はバスで行く」と聞いて、「酔いそうだな」と言うときは "I will be sick." ですよね。確実性の高い「推量」を行っているわけですから、will がぴったりです。

一方、遠足の途中で気分が悪くなってきて、「吐きそうだ」と言うのであれば、"I'm going to be sick." がいいでしょう。実際にバスの中で気分が悪くなり、「吐きそうだ」と言うときは、「吐く」という行為に向かって事態がすでに進行してしまっているわけですから。

また、たとえば、夕方に、西の方に雨雲を見つけて「明日は雨になりそうだな」と言う場合はどうでしょうか？ ――"It will rain tomorrow." が自然でしょう。これは「推量」ですね。一方、もう雨雲が真上にあり、少し暗くなってきていて、風も吹いて肌寒くなっているのであるならば？ ――"It is going to rain."（雨が降りそうですね）が自然ですね。事態がすでに始まって進行している感じがありますからね。違いがわかっていただけたでしょうか。

be going to の未来と、現在進行形の未来の違い

最後に、「be going to で未来を表す場合と、"普通の" 現在進行形で未来を表す場合はどう違うの？」という疑問を抱く人がいるといけませんから、そこにも軽く触れておきます。結論から言えば、この2つはかなり印象が似ています。どちらも**現在進行形**で、**事態がもう動き始めている**わけですから。ただ、be going to do のほうが、going to という表現をはさんでいる分、「まだ（行為に至るまでに）**少し距離がある**」という感覚があります。これらの使い分けに神経質になることはあまり意味がないのですが、あえて、2つの文を比較することで説明してみましょう。

〈あさ10時に今夜の予定を聞かれて〉

I'm going to watch Princess Mononoke on TV tonight.
(今夜はテレビで「もののけ姫」を見る予定です。)

〈番組開始5分前にかかってきた友人の電話に対して〉

I'm watching Princess Mononoke on TV tonight.
(今夜はテレビで「もののけ姫」を見るんです。)

〈掃除当番表に目をやりながら〉

Who is cleaning the house?
(誰が掃除する当番なの?)

〈汚い部屋を見て〉

Who is going to clean the house?
(掃除をしてくれそうなのは誰かしら?)

これで PART 2 はおしまいです。現在形、現在進行形、現在完了形、過去形、will、be going to について、文法の CORE を学ぶことで、丸暗記でない学習を提案しました。英語の時制は、実は奥が深くて面白いものなのです。ぜひ、覚えたことは会話でも活かしてみてくださいね。

PART 2

\ NEW /
APPROACH

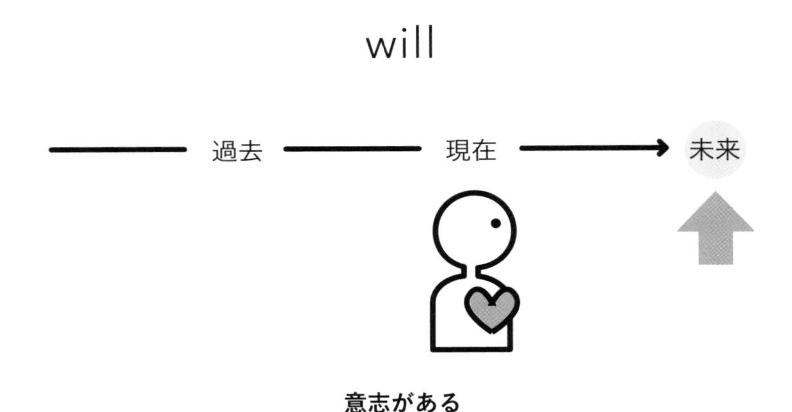

❶ will の CORE「**意志がある**」を意識する。

❷ will の「**意志**」はある程度確固とした力強いもので、「**勢い**」がある。

❸ 二人称の「意志」をたずねることで「**お願い**」になる。

❹ will と be going to はイコールではない。

PART 3

助動詞

コア

助動詞は、英語において、話し手の判断や意見を述べるときに使われる重要な表現です。たくさんの意味があるように思える助動詞もたった1つのコアをおさえることで、すんなり理解できるのです。

助動詞の役割

隠れているのは誰？

PART 3 のテーマは「**助動詞**」です。さて、今回もいきなり質問です。助動詞とは、そもそも何なのでしょうか？ これも従来の英文法指導ではあまり説明されてこなかったことの1つといえるでしょう。「助動詞って何？」とたずねると、多くの場合、「動詞を助けて…意味を加える…？」とか「後ろに動詞の原形がくるやつ…？」とか、自信のない答えが返ってきます。

TRADITIONAL WAY

1 そもそも「助動詞」が何か、あまり解説しないことが多い。
2 助動詞とは動詞に意味を加えるものだ。
（can なら「できる」、may なら「かもしれない」）

しかし、これでは助動詞を「使いこなす」ことはできませんね。次の例文の意味がわかるでしょうか？

Watching TV can be boring.

この文は、「テレビを見ることだって、退屈になりうる」というニュアンスの意味です。なかには、こう覚えた人もいるでしょう。「can は例外的に『**ありうる**』という意味になる場合がある」。しかし、ルールを丸暗記し、膨大な例外を覚えていく……、この本をここまで読んだみなさんは、こんな学習はもうしたくないですよね。安心してください、この PART 3 でも、助動詞の CORE を紹介することで、文法を理解し、使いこなすための基礎づくりをします。助動詞それぞれのコアについては、2 からくわしくみていきます。まず 1 では、助動詞そのものについて、もう少し説明をしていきましょう。

実は、**can**、**may**、**must**、**shall**、**will** は、助動詞の中でも「**法助動詞**」と呼ばれています。聞きなれない用語かもしれませんね。この「**法**」とは一体何なのでしょう。漢字辞典で「法」を調べると、法律・きまりなどのほかに、文法用語として次のような解説があります。

> **法（ほう）**
> インド・ヨーロッパ語で、**話し手の表現態度**が動詞の語形にあらわれたもの。（『漢字源』学研）

もちろん英語はインド・ヨーロッパ語に含まれますし、動詞の語形には助動詞が深く関係しますから、ここでは「話し手の表現態度」という言葉に注目していきます。

それでは、次の例文を見てください。

He buys a new computer every year.
（彼は毎年新しいコンピューターを買います。）

この文に法助動詞は使われていません。この文はただ、事実を記述しているだけなので、**登場人物は He（彼）だけ**ということになります。

それに対して、次の３つの文をくらべてみましょう。

He can buy a new computer.
（彼は新しいコンピューターを買うことができる と私は思う。）

He may buy a new computer.
（彼は新しいコンピューターを買うかもしれない と私は思う。）

He must buy a new computer.
（彼は新しいコンピューターを買わなければならない と私は思う。）

PART 3

わかってきたでしょうか。この3つの文には法助動詞が使われています。これらの文には He(彼)以外に**隠れた登場人物がいる**んです。それは、話し手、つまり**私**です。法助動詞は、**私の判断や意見、キモチを文にのせる**んです。

実は、この「隠れた登場人物」という発想が、法助動詞を理解して使ううえでとても大切です。

仲間とホームパーティーで盛り上がるなか、誰かがこう言いました。「テレビって本当に面白いよね」と。そこで、あなたは次のように言うのです。

Watching TV can be boring.
(テレビを見ることだって、退屈になりうると私は思うよ。)

あなたはこの文で自分の判断・意見を相手に伝えました。これが法助動詞なのです。法助動詞を使いこなせば、英語表現の幅がぐっと広がります。

ちなみに、日本の英語教育では be・have・do も「助動詞」と呼ぶことがあります。これらは「**相助動詞**」です。PART 2 のコラムで学んだ、「進行相」や「完了相」をつくるのに使われるからです(➡ p.064)。この PART 3 でフォーカスするのは法助動詞。話し手の判断を文にのせる助動詞です。

PART 3 ではこの後、基本的に**助動詞といえば法助動詞のことを意味する**ことにします。あえて強調したいときは法助動詞と書きます。代表的な助動詞を取り上げ、それぞれの助動詞が、話し手(私)のキモチをどのように文に加えていくのかみていきましょう。

COLUMN

“法助動詞の過去形をおさえる”

could、might、would は can、may、will の過去バージョンという印象が強いですが、実は、少し違います。

could / might / would
⇒ can / may / will より実現可能性が下がる。

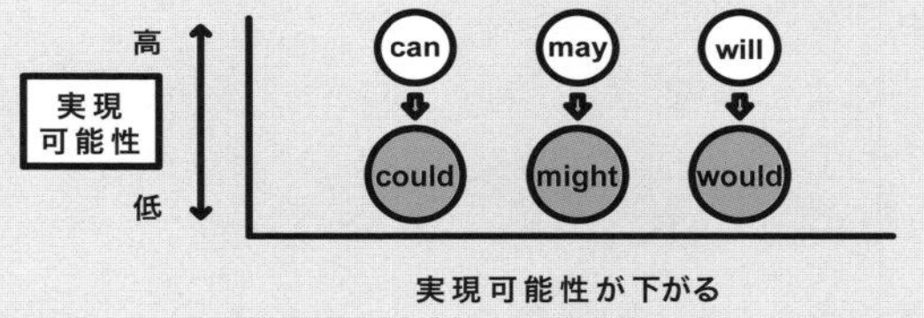

よりていねいに
響かせる

Could you please give me your e-mail address?
（もしよろしければメールアドレスを教えていただけますか？）

仮定的な
言い回し

She might be talking on the phone.
（ひょっとしたら彼女電話中かもね）

より控えめな
推量

That would be wonderful!
（それはもし実現でもすれば素晴らしいでしょうね！）

話し手の“今”いる状況から“離れている”印象を生むため、実現の可能性が下がる感じがするのです。

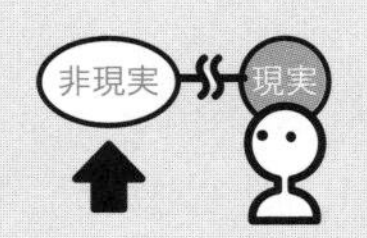

could、might、would が単純に「過去」のことを表すことも、もちろんあります。

can を攻略する

実現可能性を見抜いている

canといえば、まっさきに「**できる**」という意味を思い浮かべる人が多いのではないでしょうか。canは「**～できる**」という「**能力**」を表すと習いましたよね。ほかに、**can = be able to** と覚えた記憶がある人もいるでしょう。

では、まずはこのような従来の学習のおさらいから始めましょう。

TRADITIONAL WAY

1 canは「できる」という意味で「能力」を表す。
2 can = be able to で言い換えられる。

canは「できる」はたしかに間違いではありません。しかし、それだけではcanを理解できたとは言えません。まずは、クイズです。

A 次の文の意味がわかるでしょうか？

➡答え p.105

A lot of accidents can happen here.

B 米国大統領の選挙演説で、"Yes, we can." が連呼されたことがありましたが、この文は、"Yes, we are able to." に言い換えることはできるでしょうか？

➡答え p.112

さっそく、Q A からみていきましょう。この文の意味は、「ここで多くの事故が起こることができる」でしょうか？ 何か変だと思いませんか？ 実は、**canの本質的な意味は「能力」ではない**のです。

can の CORE は「**実現可能性があると思う**」です。

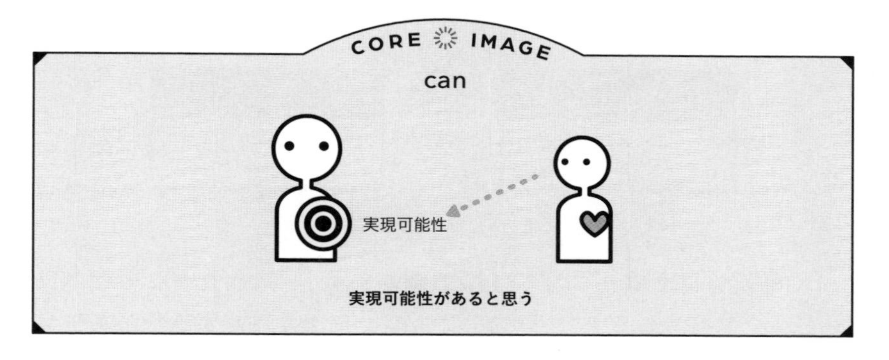

何かについて「**実現可能だ**」と**話し手が思う**とき、英語では、1で説明した**法助動詞** can を使います。Q A の文は、「多くの事故が起こる可能性」を**私が見抜いている**という発言ですから、答えは、「**ここでは、多くの事故が起こりえます**」になります。

状況を判断して可能性を見抜いている

PART 3

助動詞にはそれぞれ２つずつ意味がある!?

"Louise can speak French and Spanish." と言えば、「ルイーズはフランス語とスペイン語を話すことが(実現)可能だ」という意味です。**能力**という用法はここからきています。その用法に即して訳せば、「ルイーズはフランス語とスペイン語を話すことができる」となります。

can の意味を考えるとき、**行為**が実現する可能性について話す場合と、**状況**が実現する可能性について話す場合の２通りがあります。どちらなのかによって、「**～できる**」、あるいは「**～がありうる**」に枝分かれします。

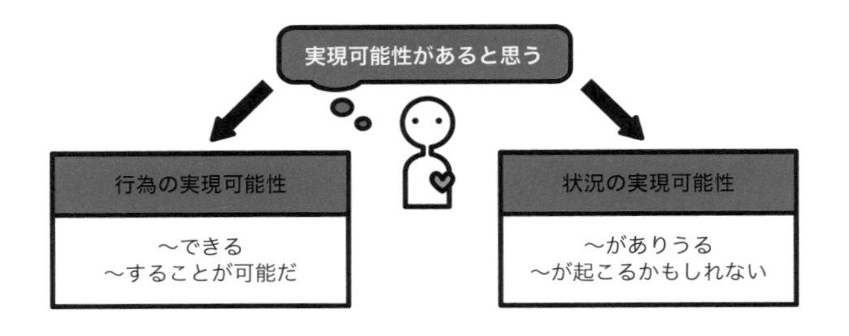

「**助動詞にはそれぞれ2つずつ意味がある**」と言われることがありますが、本当でしょうか？ たしかにcanには、「できる」と「ありうる」の意味があるように、ほかの助動詞でも同様のケースが見られる場合があります。しかし、本書をここまで読んだみなさんは、もうおわかりですよね。2つの意味のルーツとなる**「コア」は1つ**です。

「**実現可能性があると思う**」がcanのCOREですね。

では、次の例文を、COREを意識しながら、声に出して読んでみましょう。

You can play the trumpet very well.
（君、すごく上手にトランペットが吹けるんだね。）

He always says, "I can climb Mt. Everest."
（彼はいつも「エベレストに登れる」と言っています。）

Mary can be very unpleasant at times.
（メアリーは時折ひどくいやな態度をとることがありえます。）

That can't be true!
（それが本当のはずがないよ！）

He can't be working so late at night.
（彼はこんなに夜遅くに働いているはずはない。）

どの文にも「**実現可能性があると思う**」が活きていることがわかりますね。最後の2つの文は否定文ですが、この場合は、「**実現可能性がないと思う**」となるので、「〜はずがない・ありえない」のような訳になります。

can の意味の広がり―許可

コアを理解したところで、次の文を考えてみましょう。

You can smoke here.

簡単でしたか？「あなたはここでタバコを吸うことが可能です」という意味ですね。can の CORE は「**実現可能性があると思う**」なので、can を使うことで「～することが可能ですよ」と相手に伝えることができます。ここで大切なのは、この発言が相手に対する**許可**だということです。

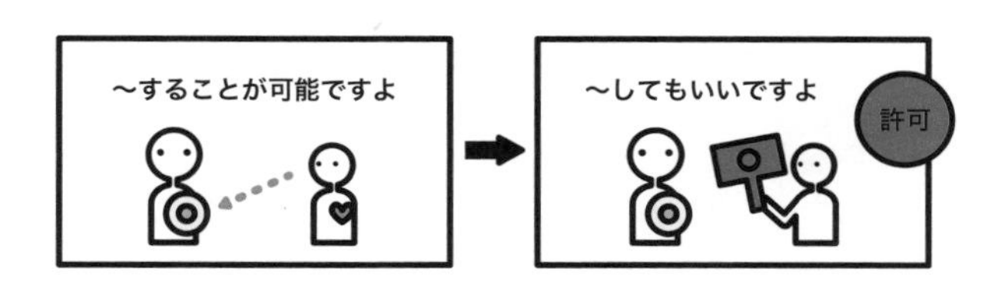

「～することが可能ですよ」→「**～していいですよ**」と相手に伝えることができるのは、can の大切なはたらきです。もちろん、not をつければ「許可しない」の意味になります。この「許可」の can は会話でとても活躍します。

OK, you can go there alone.
（わかった、一人でそこへ行っていいよ。）

PART 3

親が子どもに対し、「一人で外出することが可能だ」と認め、**許可しています。**

You can't speak Japanese in this classroom.
（この教室では日本語をしゃべってはいけません。）

許可しない

日本語で話すことは不可能です
➡日本語で話してはいけません

実現可能性を not で否定しているわけですから、認めていない、つまりは、**許可しない**ということですね。

can の意味の広がり―― お願い

それでは、次の文はどんな意味でしょうか？

Can you put this box on the desk?

can が使われているので、あえて堅苦しく言えば、「あなたがこの箱を机の上に置くことは可能ですか？」となります。ところでこの文、実際に箱を置くための「**能力**」があるかをたずねているとも解釈できます。たとえば、this box がものすごく重い箱だとすれば、「(私には無理だ…)あなたはこの箱を机の上に置くことができますか？」と「能力」をたずねていることになりますね。しかし、「あなたがこの箱を机の上に置くことは可能ですか？」というのは、普通、箱を机に置くことを**お願い**していると解釈します。「この箱を机の上に置いてもらえますか？」という意味ですね。「(あなたが)～するのは可能ですか？」、つまりは「**～してもらえますか？**」という感じです。

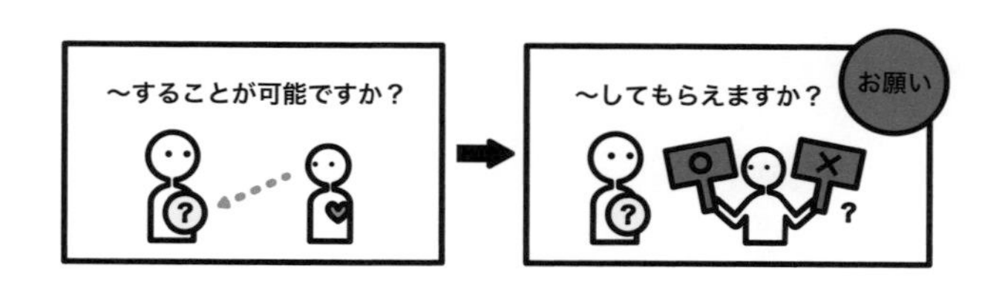

この「お願い」の疑問文では、お願いの相手は、普通、you（聞き手）です。ですから、**“Can you ...?”** で「お願い」することができると理解すればよいでしょう。

Can you lend me some money, please?
（お金を貸してくれませんか？）

Can you wait a minute?
（ちょっと待ってもらえますか？）

まれに、主語が you でない「お願い」の文もありますが、can の「**実現可能性**」さえ意識していれば、あっさり理解できます。

Can we meet up tomorrow morning at the Tokyo station?
（明日の朝は東京駅で会えないかしら？）
➡ ある種の「お願い」

ところで、相手に何かをしてほしいとき、最もシンプルな表現手段は**命令文**を使うことです。たとえば、“Open the bottle!” と言えば、「ボトルを開けろ」という命令文になります。もっとていねいに言いたい場合は、「**Please をつければいい**」と習いましたね？ “Please open the bottle.” だとか、“Open the bottle, please.” のように言ったとしましょう。実はこの表現、**それほどていねいにはなっていない**のです。なぜなら、please をつけても、結局のところ、「〜してくれ」と**直接的な要求**していることには変わりはないからです。

PART 3

では、**相手にていねいに頼みごとをしたい場合**はどうすればよいのでしょう？ そこで、**“Can you ...?”** や、PART 2 ですでにみてきた **“Will you ...?”** の出番です。“Can you …?” であれば、「〜することは可能ですか？」と聞いているわけですから、その分、遠まわしな言い方になり、ていねいになります。

Can you open the bottle?
（ボトルを開けてくれませんか？）

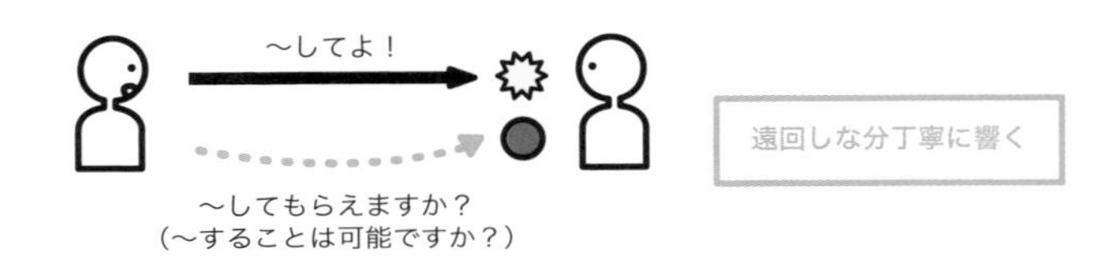

“Will you …?” も「遠まわしにしている」という点では同じです。「〜する意志がありますか？」と問うことで、間接的に、「〜してくれませんか？」と「お願い」することができます。

「お願い」の表現をもう１つ紹介しておきますね。たとえば、海外旅行中に、観光地で誰かに写真をとってもらいたいときがありますよね？ 何と言ってお願いしますか？ “Take a photo of us.” は論外ですよ。「私たちの写真をとれ」と命令してしまうことになりますから。“Can you …?” の表現を使い、“Can you take a photo of us, please?” と言うといいですね。十分ていねいな表現ですから、問題なく使えます。しかし、この表現でも、主語は you であることに注目してください。これだと、「あなたが私たちの写真をとることは可能ですか？」です。

そこで、**“Can I ask you to ...?”** を使えるようになりましょう。“Can I ask you to take a photo of us, please?” とお願いすれば、かなりていねいです。なぜなら**主語が you ではなく I だから**です。「あなたが写真をとることは可能か？」を聞いているのではなく、「写真を撮ることを**私が**依頼するのは可能ですか？」と聞いているのです。ここまで遠まわしにお願いすれば、かなりていねいな印象を相手に与えることができます。

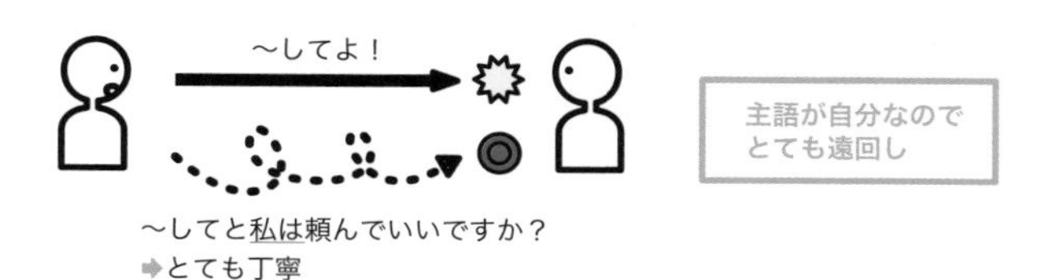

can は be able to と言い換え可能？

最後に、よく言われる、「can と be able to は言い換えが可能である」という点について考えてみましょう。

be able to の CORE は、「**～する能力を備えている**」です。

can が「能力」の意味で使われるときに限定すれば、can と be able to はほぼ同じ意味だと考えることができます。

She can play the piano very well.
≒ She is able to play the piano very well.
（彼女はとても上手くピアノを弾くことができます。）

このように、例文の２つの文はほぼ同じ意味です。ですが、can はこれまでみてきたように、「能力」のほかにも意味がありましたね。たとえば、**「ありうる」という意味の can は be able to と言い換えることはできません。**

A lot of accidents can happen here.
（ここで多くの事故が起こることがありうる。）

≒ A lot of accidents are able to happen here.

can は「**実現可能性**」を表すことができるので、「多くの事故が起こる可能性がある」はしっくりきます。ところが、「**～する能力を備えている**」の be able to はしっくりきませんね。このように、いつも can を be able to に言い換えることができるとは限らないのです。

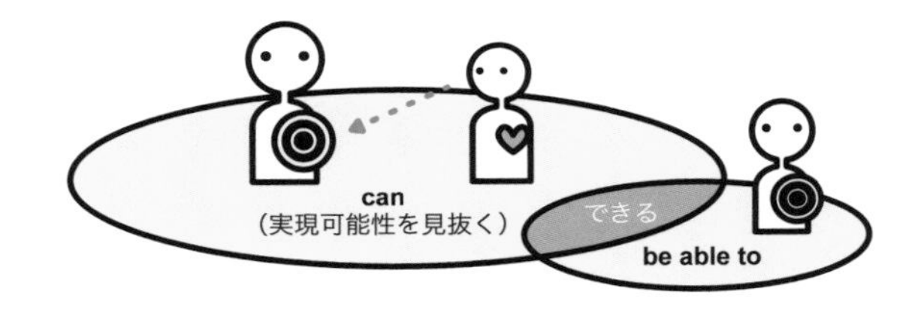

では、2冒頭の、Q B について考えてみましょう。

B 米国大統領の選挙演説で、“Yes, we can.” が連呼されたことがありましたが、この文は、“Yes, we are able to.” に言い換えることはできるでしょうか？

can の CORE「**実現可能性があると思う**」を意識すると"Yes, we can!"は「(やろうと思えば)我々はそれを実現することが可能だ**と私は思う**」という意味ですね。米国が抱える課題解決をかかげたうえで、その実現可能性を国民に訴えかけたわけです。では、もし"Yes, we are able to."と言っていたらどのような意味になったでしょうか？

be able to の CORE は「**〜する能力を備えている**」ですから、「**何かができる**」という**客観的事実**を記述した文になってしまいます。これだと演説の意図とは、かなり異なるものになることがわかりますね。

つまり Q B の答えは、「**言い換えることはできない**」です。

"Yes, we can!"というのは、国民の結束を呼びかけて鼓舞する、情熱的なスローガンだったのですね。

PART 3

\ NEW /
APPROACH

can

実現可能性があると思う

be able to

〜する能力を備えている

1. can の CORE「**実現可能性があると思う**」を意識する。
2. 「**実現可能性があると思う**」ことから、can の肯定文で許可を、否定文で許可しないことを、疑問文でていねいな依頼を表し、会話で大活躍する。
3. be able to の CORE は「**〜する能力を備えている**」ということから、「能力」に関して言う場合だけ、can と be able to は、ほぼ同じ意味で使える。

PART 3

SECTION 3

may を攻略する

やんわりとフィフティ・フィフティ

3では、助動詞の **may** について学んでいきましょう。念のために確認しておきますが、may も1で説明した**法助動詞**ですから、**話し手の判断を文にのせる**ために使われます。では、従来の学習を整理していきましょう。

TRADITIONAL WAY

may には「〜してもよい」と「〜かもしれない」の２つの意味がある。

「**助動詞にはそれぞれ２つの意味がある**」と言われることがありますが、その２つとは、**行為**と**状況**です。そしてこれらには、**必ずルーツとなる１つの本質的な意味があります**。それが、本書でいう、**コア**です。may も「コア」をしっかり理解して、使いこなせるようになってください。では、クイズを出題します。

次の２つの文の、話し手の判断（推量）にはどのような違いがあるでしょうか？

➡ 答え p.120

❶ You will know the answer sooner or later.

❷ You may know the answer sooner or later.

この3を読み終えたころには、このクイズの答えは明白になっているはずです。それでは本題に入りましょう。

mayには強制力がない

mayの CORE は「**（強制力がなく）どちらでもよいと思う**」です。

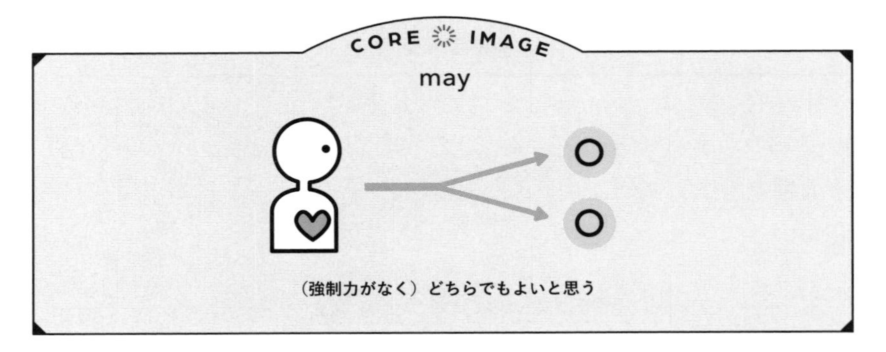

「**強制力がない**」というのはmayを理解するうえで非常に重要なポイントです。話し手の、ゆる〜く、「どっちでもいいかな」「フィフティ・フィフティくらいかな」という思いを表すのが、mayの CORE です。例文をみてみましょう。

You may go if you want.
（行きたいなら行ってもいいですよ。）

mayは普通、ある**行為**に対して、「**（その行為を）しても、しなくてもいいと思う**」の意味で使います。この例文では、相手に対して、go（行く）してもいいし、しなくてもいいと言っているのです。そこにまったく強制力は存在していません。

ほかにも "If you come to my house tomorrow, he may come as well." と言えば、「彼も来ていいですよ」と、やんわりとゆるく、**許可**していることになります。別に、「来なくてもいい」のです。

では、次の例はどうでしょう。mayの疑問文です。

May I ask a personal question?
（個人的な質問をしてもいいですか？）

may が疑問文で使われた場合も、「私は～してもいいですか？」といった感じで、やんわりとゆるく、相手に「許可」を求めている表現になります。では、この例文に対する答え方をみてみましょう。

Sure. Go ahead. ／ Yes, please. ／ Sorry, you can't.
（もちろんです。どうぞ。／はい、どうぞ。／申し訳ないのですができません。）

may はやんわりとゆるい印象を抱かせる表現ですが、会話において、may を使った疑問文に答える際には注意が必要です。"May I ask a personal question?" は「許可」を求めている文です。もしそれに対して、"Yes, you may." と答えると、文字通り、「許可を与える」ということになり、やや高圧的に響きます。「そうしたいなら、そうしてもいいですよ」のような感じに響くので、may を使った疑問文に対し、may や may not で答えるのは避けたほうが無難です。

では、どう答えればよいでしょうか？ **"Sure."**（もちろんです）あるいは、**"Yes, please."** がよいでしょう。否定する場合は、その「可能性」を否定するということで、**"No, you can't."** と答えましょう。これも、"No, you may not." と言えば、「許可しない」という意味合いになり、やはり高圧的に響きます。次の会話例も参考にしてください。

PART 3

May I see your driver's license? — Here you are.
（運転免許証を見せていただけますか？―はい、どうぞ。）

May I use your smartphone? — Of course, you can.
(あなたのスマートフォンを使わせていただいてもいいですか？—もちろんです。)

mayを使った疑問文の主語は、ほとんどの場合、“I”で、“**May I ...?**”というカタチです。お店などでは、「いらっしゃいませ」の意味で“May I help you?”と言います。この表現には、「(もしさせていただければ)お手伝いしてもよろしいですか？」という、押しつけがましさのない、へりくだった意味合いがあるため、相手の立場を尊重したていねいな表現になります。“May I ask your name?”と言えば、「お名前をうかがってもよろしいですか」のような意味になります。

mayの否定文

mayを否定文で使うとなると、どうなるでしょうか？ 実は、**「やんわりさ」が消える**のです。mayのCOREは「**(強制力がなく)どちらでもよいと思う**」でしたね。これが、may notとなると、「どちらでもよいとは**思わない**」となるため、「**…してはいけない**」という**高圧的な否定**になります。

たとえば、“You may not smoke here.”と言えば、「ここで喫煙はお断り」のような響きです。

同じことを言う場合でも、さきほどの “May I …?” を使った疑問文を使うと、“May I ask you not to smoke here?”（喫煙しないよう頼んでもいいですか）のようにていねいでやんわりとした表現になることを覚えておくとよいでしょう。

「〜かもしれない」の may

3の冒頭で、「助動詞にはそれぞれ行為と状況2つの意味がある」と述べました。ここからは、その「**状況**」について説明します。その前に may の CORE から2つの意味が生じる図を確認してください。

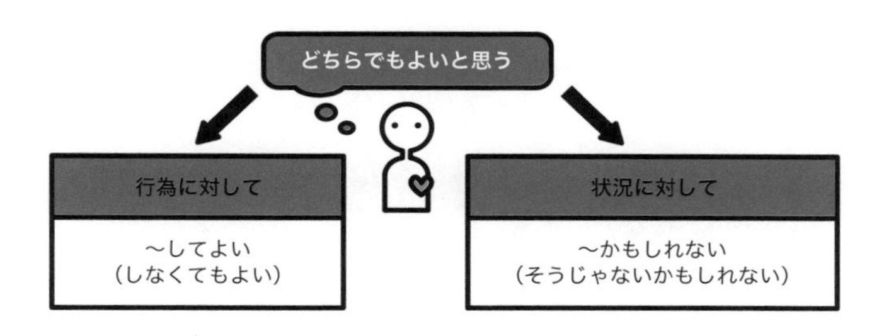

では、次の例文はどういう意味でしょうか。

He may be swimming in the pool.

PART 3

この例文は「彼はプールで泳いでいるかもしれない」という意味です。may の CORE は、「**(強制力がなく) どちらでもよいと思う**」でした。ある状況に対し、「**どちらでもよいと思う**」というのは、「**〜かもしれない**(あるいはそうでないかもしれない)」ということです。**行為**と**状況**、どちらの文脈で用いるかで、訳語が変わるだけで、まったく別の意味が存在しているようにただ見えるだけなのです。

This book may be difficult for you to understand.

これもやんわりとした**推量**です。「この本は、あなたにとって難しいかもしれない(でも難しくないかもしれない)」という意味ですね。

ところで、"He may be swimming in the pool." では、彼がプールで泳いでいる「かもしれない」と**可能性を推量**しています。このような may の推量は、どこか「やんわり」とした推量で、「(ひょっとしたら) **そうでないかもしれない**」という意味も含んでいます。同じ「推量」でも、will を使った場合の推量は、背後に強い「意志」の力があるため、確信度が高いのですが (➡ p.090)、may の場合は「そうかもしれないし、そうでないかもしれない」くらいの確信度です。

さて、ここで冒頭の Q を思い出してみましょう。

次の2つの文、話し手の判断(推量)にはどのような違いがあるでしょうか?

❶ You will know the answer sooner or later.
❷ You may know the answer sooner or later.

❶、❷のどちらの文にも、will、may という**法助動詞**が使われているので、「**話し手の判断**」を文にのせています。しかし、この２つはニュアンスが違いますね。

❶は will の力強い「意志」のこもった「推量」ですから、「君はいずれ答えを知ることになるでしょう」のように、強い確信のようなものを感じます。

一方、❷は may のやんわりとした「推量」ですから、そのような力強さはありません。「君はいずれ答えを知るかもしれないですね」くらいの意味です。「知ることになるかもしれません（ならないかもしれませんがね）」という感じです。これで、もうはっきりと違いがわかりましたね。

Ⓠの答えは、「**❶は、強い確信のある推量で、❷はやんわりとした推量である**」となります。

may の CORE は、「**（強制力がなく）どちらでもよいと思う**」で、やんわりとした「**どっちでもいい**」なのです。ちなみに、**maybe**（たぶん）という副詞は、may be（～かもしれない）から生まれているので「**フィフティ・フィフティで何とも言えない**」という意味です。probably（おそらく）とは、ニュアンスが異なります。コアを理解することで、正しく使えるようになりましょう。

\ NEW /
APPROACH

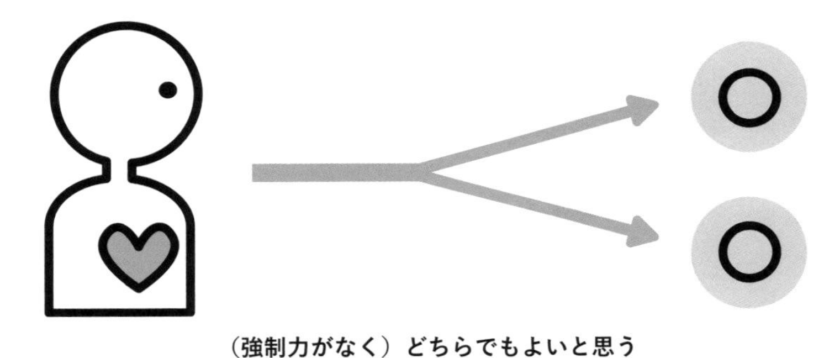

❶ may の CORE「**（強制力がなく）どちらでもよいと思う**」を意識する。

❷「**どちらでもよいと思う**」ことから、やんわりとした「許可」と、やんわりとした「推量」を表す。

PART 3 SECTION 4

must を攻略する

あなたの通る道はただひとつ

4では、助動詞の **must** を学んでいきましょう。must も1で説明した**法助動詞**です。つまり、**話し手の判断を文にのせる**んでしたね。それでは、従来の学習の整理からはじめましょう。

TRADITIONAL WAY

1 must には「〜しなくてはいけない」と「〜に違いない」の 2 つの意味がある。

2 must = have to で言い換えられる。

さて、**コア学習の二大原則**（➡ p.032）を思い出してください。「**❶形が違えば意味が違う。❷形が同じなら共通の本質的な意味がある**」でした。must と **have to** は、たしかに現代英語においては、ほとんど意味に差はないと言えるでしょう。しかし、やはり両者のルーツは違うのです。では、クイズを出題しましょう。

次の文は、ネイティブスピーカーには若干の違和感があります。どう直したらいいでしょうか？

➡ 答え p.129

I must write up this report now, but I will go to the movies instead.
（私はこの報告書を書き上げなくてはいけないんだけど、かわりに映画をみに行きます。）

なかなか難しいですよね。ではさっそく本題に入りましょう。

must には力がはたらいている

must の CORE は「**(何か力がはたらいていて)それ以外に選択肢がないと思う**」です。

must には、**何らかの力がはたらいている**のがポイントです。その力がはたらいているため、「それ以外に選択肢がない」と判断されるのです。must は法助動詞ですから、「これしかない」は**話し手が判断している**ことになります。例文をみてみましょう。

It's my job. I must finish it.
(これは私の仕事なので、私が終えなければなりません。)

この場合は、「自分に与えられた仕事」という意識が、「責任感」や「使命感」といった感情を想起(そうき)させ、「力」となってはたらいているのでしょう。

また、“I must do it.” は、「それをやらなければいけない」という意味です。何かの「力」がはたらいているのですが、この「力」というのは、外発的な強制力のようなものの場合も、内発的な道義心のようなものの場合もあります。しかし、**最終的に「〜しなくてはならない」と判断するのは話し手**です。“As a Japanese citizen, you must pay taxes.”（日本国民として、税金は払わなければならないよ）というような場合も、髪が伸びてきて、“I must have my hair cut.”（髪の毛を切らなきゃなぁ）というような場合も、最終的にそう判断しているのは「話し手」ということです。

法助動詞
➡ 判断しているのは話し手

それでは、「〜しなくてはいけない」の must は、切迫感や義務感のある状況でしか使われないのでしょうか？ いいえ、そんなことはありません。“We must see that movie!”（あの映画は絶対みなきゃね！）のような場合も使われます。この場合は、何としてもみるように強くすすめる表現になっていますね。

さて、次の例文を見てください。

You must be a genius.
（あなた、絶対天才ですよ。）

〜以外にあり得ない ➡ 〜に違いない

ある状況に対し、「**それ以外に選択肢がないと思う**」と判断するということは、「**〜に違いない**」ということと同じです。前ページのイラストの聞き手は100点のテストをいくつも持っていますね。この状況を見て、「君は天才に違いない」と話し手が判断しているのです。

can や may と同じで、must も**行為**と**状況**のどちらに対しても用いることができ、それにより、大きく分けて2つの訳語が生じます。

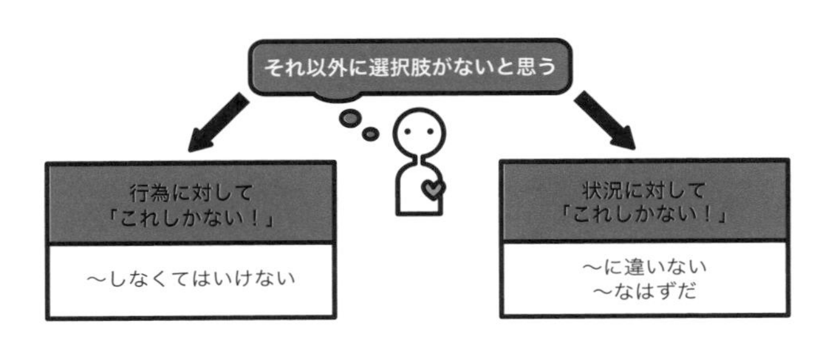

「〜に違いない」という**推量**の must の例文をほかにもみてみましょう。must の CORE を意識しながら、声に出して読んでみてください。

What a strange way to dress. He must be a really great artist.
（何て変な着こなしなんだ。彼はすごい芸術家に違いない。）

You must be starving.
（あなたきっとお腹がぺこぺこでしょう。）

She must be very good at telling fortunes.
（彼女の占いはきっとすごいんでしょうね。）

PART 3

どの例文も must が使われており、「それ以外に選択肢がない」→「**〜に違いない**」と推量しています。このように、「〜しなければならない」と「〜に違いない」という一見まったく異なって見える２つの意味も、もとをたどれば、１つのコアから生み出されたものでした。**コア学習の二大原則**（➡ p.032）の❷「**形が同じなら共通の本質的な意味がある**」ですね。

must と have to のルーツは別

最後に、must の同意語として語られることの多い "**have to**" について、軽く触れておきます。4の冒頭でも述べたとおり、現代の英語において、must と have to の「**〜しなければならない**」の使い方には、ほとんど違いはないとも言えます。"You must go home." と言うのと、"You have to go home." と言うのとを比較してみても、「君は家に帰らなくてはならない」という同じ意味として伝わります。

しかし、**コア学習の二大原則の❶「形が違えば意味も違う」**から、この２つにも微妙ながら、ニュアンスの差はあるのです。本書では、その微妙な違いにあえて触れることで、must をより深く理解し、使いこなせるようになってもらおうと思います。

法助動詞の must は「**ほかに選択の余地がないと思う**」という話し手の判断を表すものでした。何か抗（あらが）いがたい力がはたらいていると感じています。一方、**have to** という表現は、話し手の判断を表す表現ではありません。これは、have の CORE を思い出せば、すぐに理解できるでしょう。

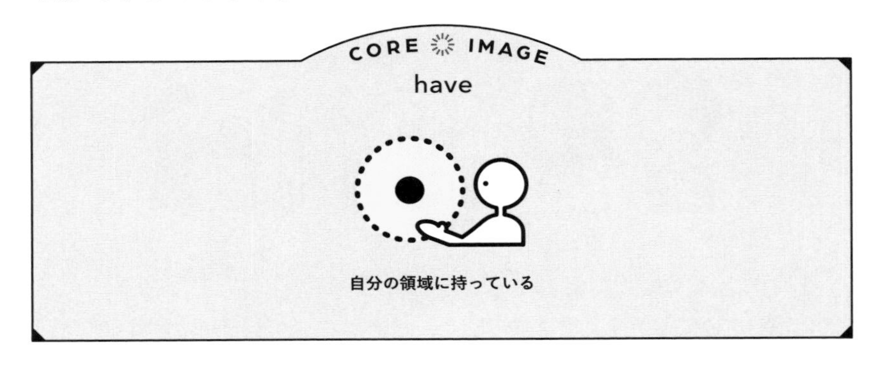

A have B の関係を再度みてみましょう。“A have to do…” というのは、「A（主語）が to do（これから何かをすること）を抱えている」という意味です。“I have to see the dentist.”（歯医者さんに行かなくてはいけない）という表現では、“to see the dentist” というものを have しているのです。「歯医者さんに行くこと」を have（抱えている）ということは、「歯医者さんに行かなければならない**状況を抱えている**」ということです。言い換えれば、「**〜しなければならない状況に置かれている**」が have to なのです。

しかし、すでに述べたように、「〜しなければならない」と言いたい場合、must を使っても have to を使っても、基本的に同じようなニュアンスで伝わります。よって、そんなに神経質になる必要はありません。

では最後に、4の冒頭のQに戻りましょう。

次の文はネイティブスピーカーには若干の違和感があります。どう直したらいいでしょうか？

I must write up this report now, but I will go to the movies instead.
（私はこの報告書を書き上げなくてはいけないんだけど、かわりに映画をみに行きます。）

実はこの違和感を解消するカギは、「**must は法助動詞で have to は法助動詞ではないこと**」です。一体どういうことでしょうか？

この文は、must と will という 2 つの法助動詞を 1 つの文で使っています。法助動詞は「**話し手の判断**」を表しますから、この場合、話し手の判断を **2 回違う方向に使ってしまう**ことになります。簡単に言えば、この文は矛盾しているのです。あえて日本語にすれば、「私はこの報告書を今書き上げる**以外の選択肢はない**（と思う）、だが私はそのかわりに映画に行く**意志がある**」くらいの意味になるでしょうか。何か変だ、ということがわかりますか？

一方、have to は「**〜しなければならない状況を抱えている**」ですから、“I have to write up this report now, but I will go to the movies instead.” とすると、「報告書を書き上げなければならないという**状況を抱えている**が、私はそれでも映画をみに行く**意志がある**」となり、違和感が解消されますね。

つまり、Qの答えは、「**must を have to にする**」です。

答えられなくても、過度の心配は無用です。このクイズを最後に見直した狙いは、PART 3 の最後に1で説明した「**法助動詞**」というものの「はたらき」をもう一度強く認識してほしかったからです。法助動詞を用いた文は、客観的な事実を語るのではなく、主観的に何かを語るのです。

PART 3

\ NEW /
APPROACH

must

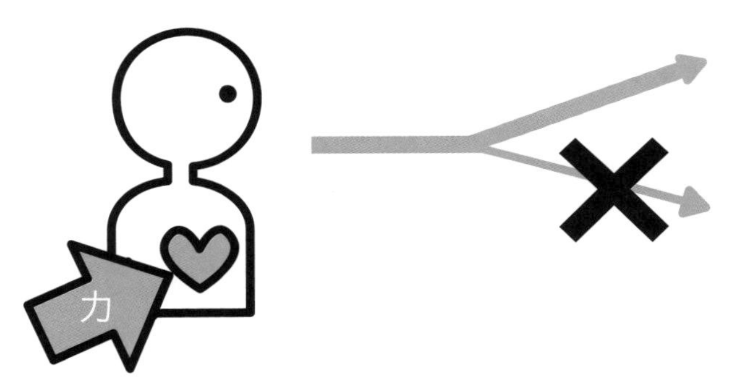

（何か力がはたらいていて）それ以外に選択肢がないと思う

❶ must の CORE「(**何か力がはたらいていて)それ以外選択肢がないと思う**」を意識する。

❷ must が「(ある行為を) ～しなければならない」という意味の場合にだけ、have to はほぼ同じように使うことができる。

PART
4

受動態

コア

受動態は、能動態からの「書き換え」のために存在するのではなく、受動態には受動態の役割がきちんとあるのです。コアを学ぶことで、能動態では表現できない、受動態ならではの表現を身につけましょう。

態の種類と視点の位置

「書き換え」だけで終えてはダメ

PART 4 のテーマは**受動態**です。さて、中学校や高校での学習を思い出してみてください。受動態をどのように勉強しましたか？ おそらく、「**書き換え**」をやったのではないでしょうか。「次の能動態の文を受動態に書き換えなさい」のようなドリル練習です。ほとんどの人は、受動態を能動態からの書き換えで学び、そこで学習を終えてしまいます。しかし、書き換えだけでは、受動態を使うことの**本当の意味**が見えてきません。

受動態には受動態の役割がちゃんとあります。しかも、それは能動態では表現できないことです。この PART 4 を読んで、受動態がもつ「**受動態らしさ**」を感じることができるようになってくださいね。それでは、まず従来の学習を復習してみましょう。

TRADITIONAL WAY

1. 受動態は「～(さ)れた」の意味のときに使う。
2. 受動態は「be 動詞＋過去分詞」で表される。
3. 「誰によって」は「by ＋人」で表されるが、省略してもよい。
4. 能動態からの書き換えは、次のような感じ。
   能動態の文：I love Mary.
   受動態の文：Mary is loved by me.

思い出したでしょうか？「書き換え」の練習は、受動態の文がつくられるプロセスを知るうえで有効であることはたしかです。しかし、それだけで学習を終えてしまってもいいのでしょうか。

まずは、次のクイズに挑戦してみてください。

A 次の文は、息子について話す母親の言葉ですが、ネイティブスピーカーが聞くと、やや不自然に響くのはなぜでしょうか？

➡ 答え p.139

My son is not so good with his hands. A tea cup was broken by him yesterday.
（私の子ね、あんまり器用なほうじゃないのよ。昨日もティーカップを壊されちゃったわ。）

B 次のうち、正しい文はどれでしょうか？

➡ 答え p.155

〈ニュースにがっかりしているとき…〉

❶ I am disappointed by the news.
❷ I am disappointed about the news.
❸ I am disappointed at the news.
❹ I am disappointed with the news.

PART 4

難しいですか？ でも、大丈夫です。PART 4 を読み進めて、受動態の CORE をつかんでしまえば、簡単に解答できるでしょう。

自動詞と他動詞

「受動態」から話が少しそれますが、**自動詞**と**他動詞**について触れておかなければなりません。実は、受動態を理解するにあたって、この自動詞と他動詞の理解はきわめて重要なのです。では、まず次の2つの文を見てみてください。

① He pulled the cord.
（彼はコードを引っ張りました。）

② He runs in the park.
（彼は公園で走ります。）

よく、「目的語をとる動詞が**他動詞**、目的語をとらない動詞が**自動詞**」と説明される場合があります。目的語とは、「動詞が表す**動作や作用の影響を受ける対象**となる語」のことです。ちょっとわからないという人は、目的語は「**動詞の力が及ぶ対象**」のことだと理解してしまえばいいのです。これを必要とするのが、**他動詞**だということです。他動詞の「他」は「**他への直接的なはたらきかけ（作用・影響）**」だと理解しましょう。重要なのは、**「他」が必要**だということです。

例文で言えば、❶ “He pulled the cord.” の pull（ぐいっと引っ張る）は、その動作が直接作用する the cord（コード）という目的語がありますから、他動詞です。そもそも、“He pulled.” で文が終わってしまったら、「えっ、何を？」とききたくなりますよね。このように、動作が及ぶ「対象」を言う必要があるのが他動詞です。

それに対して、❷ “He runs in the park.” における run（走る）は、**何かの対象にはたらきかけをしているわけではない**ので**自動詞**です。

ここで１つ注意しなければならないのは、**動詞それ自体に他動詞 or 自動詞といった「区別」があるわけではない**ということです。同じ動詞でも、他動詞として使うこともあれば、自動詞として使うこともあるわけです。

たとえば、“He ran his car into the parking lot.”（彼は車を駐車スペースに入れた）という文で考えてみましょう。この文では、ran（run の過去形・走らせた）という動作の作用が his car という「対象」に及んでいます。例文❷の run とは異なり、この文では、run が他動詞で使われていることがわかります。

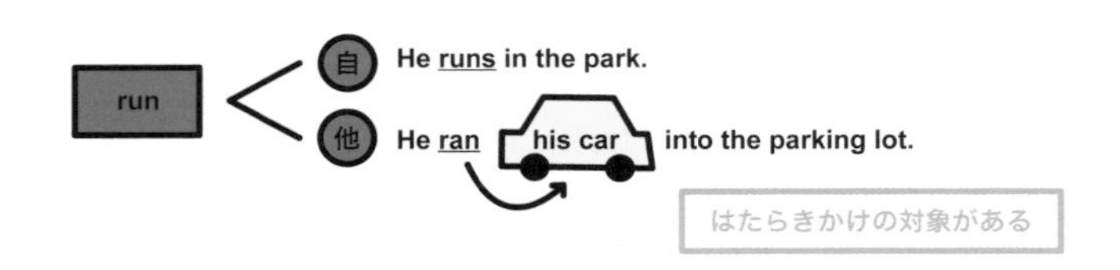

ほかにも、例を見てみましょう。

③ He chewed on a pencil.
④ He chewed a pencil.

③の例は、chew(噛む)という動詞のあとに on the pencil という前置詞句があるので、**目的語はない**ことになります。つまり、chew が**自動詞**で使われているということです。この例では、chew と pencil の間にある on が、ちょうどクッションのような役割をしています。

PART 1 で学んだように、on の CORE は「**接触している**」ですから、chew という動作が、鉛筆の表面と接触することで起こったことを示しています。ですから、③の文は「彼は鉛筆(の一部)をかじりました」といった意味です。

それに対して、④の chew の直後には a pencil という名詞がきているので、a pencil は chew の作用が**直接はたらきかける対象**、すなわち「**目的語**」ということになります。つまり、④の chew は**他動詞**です。動詞が何らかの形でその目的語の名詞に直接作用するのをイメージしてください。しかし、そうすると、④の文はとても不自然ですね。直接的に chew の作用が pencil に及んでいると考えられるわけですから、鉛筆を口の中でバキバキと、または、ガムのようにクチャクチャと噛んでいる感じになります…。

一般的には、③の文が使われるでしょう。

能動態と受動態

さて、「自動詞と他動詞」について理解したところで、本題の受動態に入ります。

ところで、能動態は英語でthe active voice、受動態は英語でthe passive voiceと言います。このvoiceが、日本語の「**態**」にあたる部分です。voiceですから、「**語り口**」といったところでしょうか。

「**対象に対して何かをする**」ということを語る「語り口」が**能動態**です。一方、「**対象に視点を置き、行為者をあいまいにする**」、これが**受動態**のCOREです。

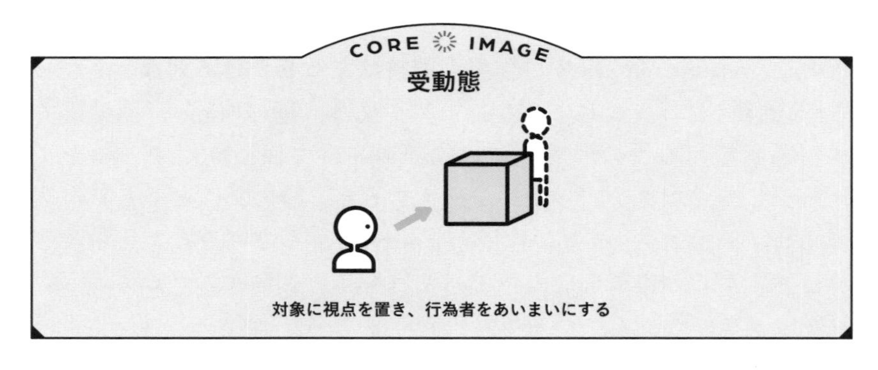

次の例文をみてください。

❶ Daniel opened that big door.
(ダニエルはあの大きなドアを開けました。)

❶の文は、ドアという対象に対してopen(開ける)という行為をしていることを表しているので、能動態なのです。

それに対して、「**対象が何かをされる**」ということを語る「語り口」を**受動態**と呼びます。

❷ That big door was opened by Daniel.
(あの大きなドアはダニエルによって開けられました。)

❷の文は、be opened（開けられる）というカタチを用いて、ドアという対象が「行為を受けた」と語られているので、受動態です。

視点が置かれているところが違うので、語り口が異なる

Daniel opened that door.

That door was opened.

受動態

能動態とは異なり、行為の対象に視点がある

要するに、この２つの文は「語り口」が違うのです。２つの文は同じような内容を表してはいますが、話し手が**どこに視点を置いているか**が異なります。**視点が行為の「対象」にある**場合に使われるのが受動態なのです。「**対象が～される**」という意味です。

❸ That big door opened at 7 a.m. today.
（あの大きなドアは、今日は午前７時に開きました。）

一方、❸の文では open が自動詞として用いられていますね。つまり、対象を「開けた」のではなく、単にドアが「開いた」という意味で用いられているということです。このように、物事の「語り口」は大きく３つに分類できます。

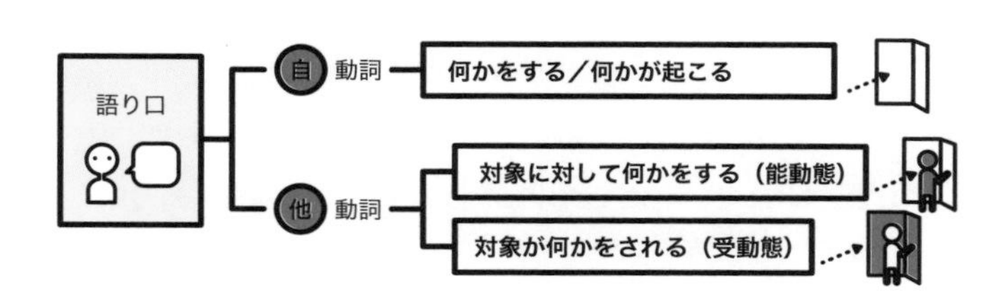

どこに視点を置いているかがポイントです。❶の “Daniel opened that big door.” では、視点は Daniel にあります。ダニエルは、open という**行為**をした人なので、この文における**行為者**と呼ぶことができます。このように、**行為者に視点を置いて語るのが能動態**です。

一方、❷の “That big door was opened by Daniel.” では、視点はThat big door にあります。あの大きなドアは open という行為の対象です。このように、**行為の対象に視点を置いて語るのが受動態**です。

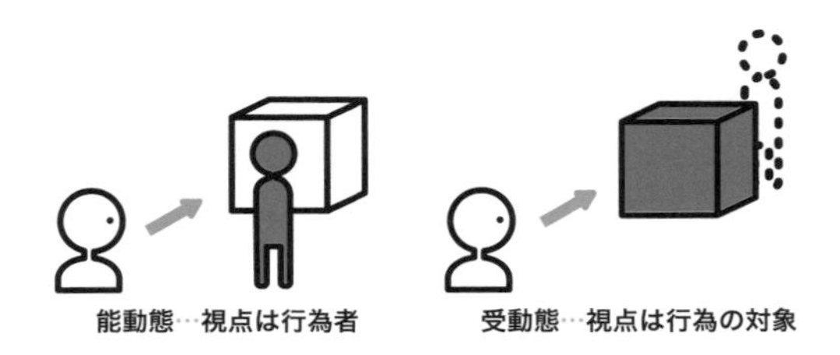

勘のいい人は気がついたかもしれません。英語では、基本的には**主語の位置にあるものに視点が置かれる**のです。

❸の “That big door opened at 7 a.m. today.” は、「ドアが開いた」ということだけを言っていて、「誰が開けた」という想定は特にないのです。

ここまでは理解できましたか？ 受動態は、**be 動詞＋過去分詞**のカタチが基本の型であること。行為の「対象」に視点を置き、「**行為の対象が何かをされる**」ということを表現するものであるということをしっかりと理解してください。

それでは、「視点の置かれている位置」をより深く理解するために、次の２つの例をくらべてみましょう。

❶ I bought a very expensive tea cup last week. It looked really nice. But, it was broken by my son yesterday.
（先週、すごく高いティーカップ買ってね、すごく素敵だったんだけど、昨日、息子に壊されちゃったわ。）

❷ My son is not so good with his hands. He broke a tea cup yesterday.
（私の子ね、あんまり器用なほうじゃないのよ。昨日はティーカップ壊しちゃったわ。）

❶の文では、「ティーカップを買ったこと」「ティーカップが素敵だったこと」がすでに語られていて、**話し手の視点はティーカップ**にあります。下線部では、受動態が用いられ、it(ティーカップ)は「壊されてしまった」と語られていますが、この状況は受動態を用いるのにぴったりなのです。

一方、❷の文はどうでしょうか。下線部の前に「息子が器用ではないこと」が語られており、**視点は息子**にあります。行為者に視点が置かれているため、能動態を用いて、「息子が壊した」と語られています。視点が行為者にあるので、下線部を "A tea cup was broken by my son yesterday." のように、受動態で表してしまうと、少し不自然に響きます。そして、実はこの文は、1冒頭のQ-Aでした。

A 次の文は、息子について話す母親の言葉です。ネイティブスピーカーが聞くと、やや不自然に響くのはなぜでしょうか？

My son is not so good with his hands. A tea cup was broken by him yesterday.

(私の子ね、あんまり器用なほうじゃないのよ。昨日もティーカップを壊されちゃったわ。)

Q-Aの答えは、「**話の中で視点が（my son から a tea cup に）移ってしまっているから**」です。急に視点が変わっているから、何やら不自然な印象を与えるのです。このように、能動態で表す文と受動態で表す文は、同じ内容を表していても、**視点の置き方が異なる**ということをおさえておきましょう。

PART 4

受動態を使いこなす

受動態を使うときにはワケがある

能動態と受動態は、視点の置き方が異なるため、基本的に**それぞれの表現は異なったはたらきをもつ**のですが、両者をあえて機械的に書き換えること自体は可能です。

たとえば、“Alice was kicked by the horse.”（アリスはその馬に蹴られました）という文で考えてみましょう。能動態の文を受動態のカタチにするときは、まず目的語を主語の位置にもってきます。

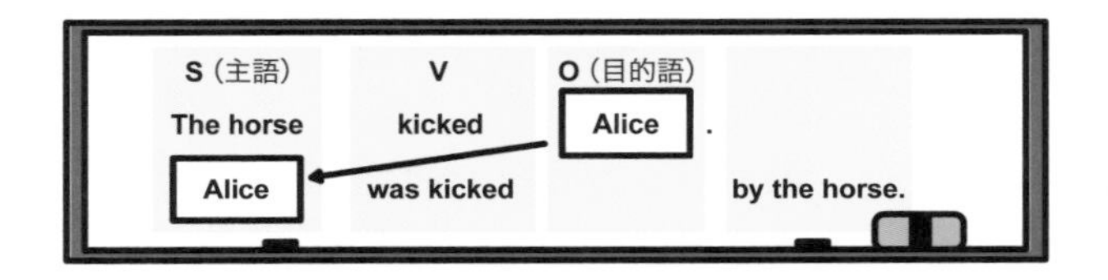

このことからもわかるように、目的語のない文は、主語の位置にもってくる語がないため、受動態にはできません。つまり、原則として、**他動詞は受動態にできるが、自動詞は受動態にできない**ということです。これは、案外、受動態の学習で見落とされがちですが、大切なことです。**受動態になるのは他動詞である**、ということをまずおさえてください。

それでは、他動詞で目的語があれば、どんな文でも受動態にすることができるかといえば、そう単純ではありません。そもそも受動態というのは、主語が「**影響**」や「**はたらきかけ**」を受けるので、受動態と呼ばれるわけです。つまり、**動詞に「影響」や「はたらきかけ」を与えるという意味がない（もしくは弱い）場合は、他動詞であっても受動態にはできない**のです。一例を挙げてみましょう。

His thesis lacks originality.
(彼の論文は独自性に欠けています。)

この文は受動態にすることができません。たしかに、lack(〜に欠ける)という動詞が originality(独自性)という目的語を伴ってはいます。ところが、lackには「影響」や「はたらきかけ」を与えるというニュアンスがない(弱い)ため、受動態にはできないのです。

ほかにも、次のような文は他動詞が用いられていますが、受動態にはできません。理由は同じです。

Joanna resembles her mother.
(ジョアナは母親に似ている。)

A bottle of water costs about £1 in London.
(ロンドンではボトル1本の水に大体1ポンドかかる。)

受動態には受動態の役割がある

ここまでみてきたように、どのような条件がそろったときに、能動態の文を受動態に「書き換える」ことができるかを学ぶことは、受動態の特徴を知るうえで一定の効果があります。しかし、誤解のないよう強調しておきたいのは、**受動態の文は能動態を「書き換える」ことで成立する文ではない**ということです。「書き換え」という発想は、この際、捨ててしまいましょう。**受動態には受動態の役割がある**、そう考えてもらいたいのです。

では、次の例文をみてください。

English is spoken all over the world.
(英語は世界中で話されています。)

「英語が話されている」という文ですが、誰によって話されているのかは書かれていません。すなわち、**行為者が表現されていない**ということです。受動態の文では、行為者は「**by ＋行為者**」のカタチで表されると習いますが、同時に、「省略することもできる」と教わるはずです。言わせてもらえば、この「省略することもできる」という言い回しがおかしいのです。受動態の文では、むしろ「by ＋行為者」を表さないのが普通です。**行為者が誰だかはっきりと言えず、あいまいだからこそ、受動態が使われる**のです。このことが受動態を理解するための最重要事項といっても過言ではありません。

「ユミは英語を話す」という内容を伝えたいのであれば、"Yumi speaks English." と言えばいいわけです。これをいちいち受動態で、"×English is spoken by Yumi."（英語はユミによって話されている）と言えば、不自然に響きます。なぜなら、**行為者がはっきりしているから**です。受動態は「**対象**」に視点を置いた表現であり、**「行為者」にあまり注目がいかないように表現されているもの**です。行為者が注目されないということは、次のようなことを意味します。

"English is spoken all over the world." のように「誰が話している」という行為者がはっきりとつかめない場合は、受動態がぴったりなのです。

同じように、カバンに入れておいたはずのサイフがなくなったとき、"My wallet was stolen."（サイフを盗まれました）という受動態がぴったりです。これも行為者がはっきりとつかめないからです。

クラスで人気者の女の子について話すとき、“Ruth is loved by everyone.”（ルースはみんなに愛されています）は「by ＋行為者」を伴っても自然ですが、これは「愛している」行為者は everyone であり、誰とは言っていないからです。

次の例で、行為者が「**あいまい**」なことを確認しましょう。

❶ 行為者がはっきりとつかめない

Ruth is loved by everyone.
（ルースはみんなに愛されています。）

❷ 行為者をはっきりと言いたくない

Bombs were dropped on the village today.
（爆弾が今日その村に落とされた。）

❸ 行為者を言う必要がない

Ships are often used to move products in the city.
（その町では製品を運ぶのに船がよく使われる。）

PART 4

次の文は、お茶の淹（い）れ方を説明している英文です。注目したいのは、「受動態の表現」に、どこにも**「by ＋行為者」は使われていない**ということです。確認しながら読んでみてください。

Let's look at how to make tea. First, water is boiled and the tea pot is warmed. Next, the tea and boiling water are put into the pot. Then, the pot is left for 3 to 5 minutes. Finally, the tea is ready to be drunk.

訳 お茶の淹れ方を見てみましょう。まずは水を沸騰させてティーポットを温めます。次に、お茶の葉と沸騰したお湯をポットに入れます。そして、ポットを 3 から 5 分そのまま置いておきます。これでやっとお茶を飲むことができます。

「〜によって」を強調する受動態

受動態では「by ＋行為者」を表さない場合が多いのですが、逆に、「by ＋行為者」をあえて言う場合というのは、どういうときなのでしょうか。さきに結論を言えば、それは、(あくまで行為の対象に視点を置きながら、)はっきりと「**この人によって〜された**」と強調したいときです。次の例文をみてください。

This book was written by Yukichi Fukuzawa.
(この本は福沢諭吉によって書かれました。)

この例文では、視点は this book に置きつつも、「福沢諭吉によって」と明確に示しています。あえて「by ＋行為者」を言うことで、行為者の情報を際立たせているのです。このような受動態の場合、**「by ＋行為者」がないと文が成立しない**ことが多いのです。“× This book was written.” では文が成立しませんね。ほかにも同様の例を見てみましょう。

This temple was burned down by Nobunaga.
(この寺は信長によって焼かれました。)

She was nominated by the Academy again.
(彼女はまたアカデミー賞にノミネートされました。)

どちらの文でも、視点は主語の位置にある「対象」に置かれていますが、同時に「主語は、行為者によって〜された」が強く出ています。基本的な受動態では、「行為者」はあいまいになる傾向があり、それがほとんどなのですが、このように、あえて「by ＋行為者」を使うと、行為者が、より強調されます。

受動態のいろいろなカタチ

この際ですから、いろいろな受動態の「構造」も理解してしまいましょう。まずは、次の3つの例文をみてください。

❶ This sentence can't be understood by children.
（この文は、子どもたちには理解できません。）

❷ Many stadiums are being built now for the Olympics.
（多くのスタジアムが、今、オリンピックに向けて建てられているところです。）

❸ This movie has been loved for a long time.
（この映画は、長いこと愛され続けてきました。）

❶の例文のように、助動詞を伴った受動態の文を作ることもできます。この場合は**助動詞＋ be ＋過去分詞**のカタチを用います。助動詞の後ろは動詞の原形ですから、be 動詞が原形で用いられることに注意しましょう。

PART 4

❷の例文の "Many stadiums are being built now for the Olympics." は進行形の受動態です。**be 動詞＋ being ＋過去分詞**というカタチを用いて表現されますが、丸暗記するのではなく、簡単な足し算だと思って「理解」しましょう。

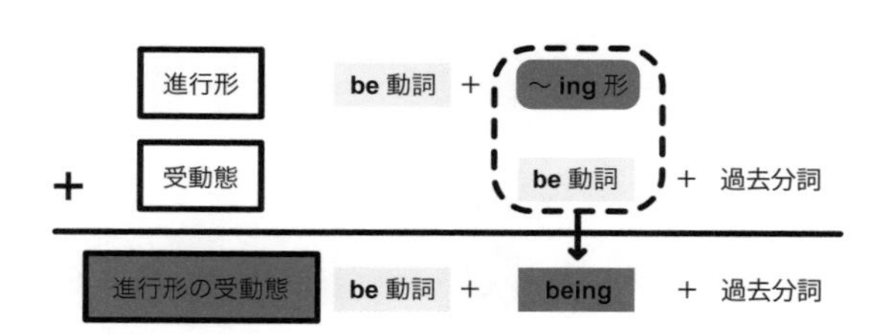

❸の例文の "This movie has been loved for a long time." は現在完了形の受動態です。現在完了形の CORE は「**過去を抱えている今**」でしたね。この場合は、「この映画は過去から今までずっと愛されてきた」ことを表すために、完了形の受動態が用いられています。完了形の受動態は **have + been + done** のカタチです。これもまた、丸暗記でなく、簡単な足し算だと思って「理解」しましょう。

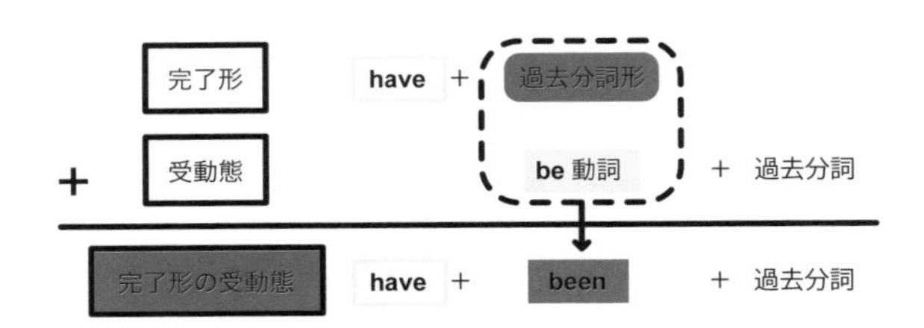

自動詞が受動態になる場合

2の冒頭で、受動態になるのは、原則、他動詞だと学びましたね。しかし、自動詞であっても受動態で使うことがあります。

たとえば、"A little girl spoke to me in Paris."(小さな女の子がパリで私に話しかけた)という文を考えてみましょう。

S V 前置詞句 前置詞句
A little girl spoke to me in Paris.

このように、自動詞を使っているので、一見、受動態にはできないように見えます。しかし、speak to (〜に話しかける)を1つの**動詞のかたまり**だと捉えれば、その後ろにある me に影響が及んでいると解釈でき、受動態にすることができます。

speak to（話しかける）のような「**自動詞＋前置詞**」や、look down on（見下す）のような「**自動詞＋副詞＋前置詞**」からなるかたまりを「**句動詞**」と呼びます。句動詞のカタチで、その前置詞の後ろにある目的語に「はたらきかけている」と捉えられる場合は、受動態にすることができるのです。ほかの例文もみてみましょう。

I was laughed at by the people there.
（私はそこにいた人たちに笑われました。）

The prime minister is looked up to by many people.
（首相は多くの人に尊敬されています。）

PART 4

句動詞が他動詞と同様に、「何かに影響・はたらきを与える」意味をもつ場合、その句動詞は受動態にすることができるのです。

get +過去分詞で表す受動態

さて、こんなことを聞いたことがありませんか？「**受動態のbe動詞のかわりにgetを使ってもよい**」「**受動態のbeはgetと書き換え可能**」……。受動態は「be動詞＋過去分詞」のカタチで表すのが基本ですが、たしかに「**get ＋過去分詞**」で表されることもあります。しかし、この表現、本当にbe動詞を使った場合と意味が同じなのでしょうか？ 何も考えず、無条件に「書き換え」てしまってよいものなのでしょうか？

コア学習の二大原則（➡ p.032）においては、「**①カタチが違えば意味も違う**」のでしたね。getを使った受動態には、きっと違う意味があるはず……そうですね？

では、その意味をみていきましょう。

まず、getの CORE は「**(haveしていない状態から) haveしている状態に変化する**」です。

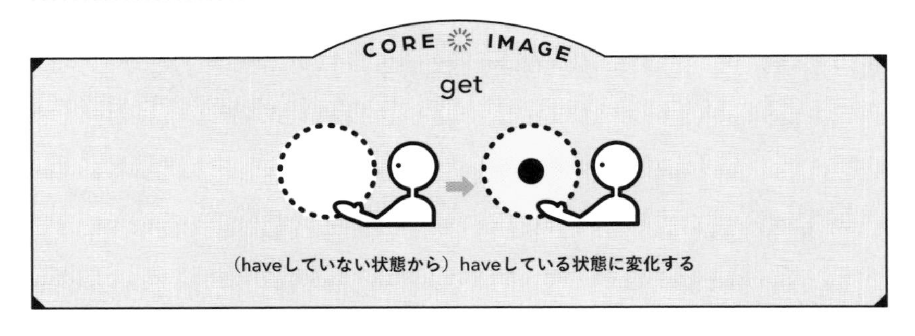

たとえば、"I got some money." と言えば、単に「お金を得た」と理解しますが、「**お金が無い状態からお金を持った状態へと変化した**」ともとれますね。getには "It is getting dark."（暗くなりつつある）のような使い方がありますが、これはgetの「**変化**」のニュアンスが全面に出た表現なのです。

ほかにもこんな例があります。iPhoneをはじめて世に出すというとき、スティーブ・ジョブズは新作発表の場で、もったいぶってなかなかiPhoneの全貌をみせようとしませんでした。少しずつ説明していくなかで、観客の反応をみながら、笑みを浮かべて、"Oh, are you getting it?"と言いました。「おや、みなさんわかってきましたね？」のような意味ですが、ここでもやはり、**「わからない」から「わかる」への変化**がgetを使うことで示されています。

getのニュアンスがわかったところで、本題に戻ります。「**get＋過去分詞**」の受動態が使われると、**「〜された状態へと変化した」**という意味合いが強調されます。

たとえば、ドアの所まで行って開けようとしたが、鍵がかかっていて開かなかったとします。これを言いたければ、普通、"The door was locked."（ドアには鍵がかかっていたよ）と言います。しかし、"The door got locked." と言えば、「ドアはロックされた」というような意味になります。「ロックされた状態に変化した」ことが強調されるためです。

PART 4

get arrestedで「逮捕される」、get marriedで「結婚する」などは、getの「**変化**」のニュアンスと相性がよく、be動詞とよりも、むしろgetと一緒に使うことが多い受動態も多くあるのです。ほかの例も「変化」を感じとりながら、読んでみましょう。

He got kicked out of the country.
（彼はその国から追放された。）

She got dressed just five minutes before the party.
（彼女はパーティーのほんの5分前に着替えた。）

They got married last week.
（彼らは、先週、結婚した。）

by 以外の前置詞が使われる受動態

受動態の文では、行為者は「**by ＋行為者**」のカタチで文の後ろの部分に現れるのですが、この部分に使われる前置詞は必ずしも by でなければいけないというわけではありません。とりわけ、**感情動詞**を用いた受動態の文においては、by はほとんど使われないといってもよいほどです。

例を紹介する前に、かるく感情動詞について、触れておきましょう。感情動詞とは、「**人に感情を与える**」という意味をもつ動詞です。たとえば、surprise という動詞は「（人を）驚かせる」であって、「驚く」という意味ではありません。よく勘違いされがちなので注意してください。同様に、excite は「わくわくさせる」であって、「わくわくする」ではありません。tire は「疲れさせる」であって、「疲れる」ではありません。そこで、（自分を含む）誰かが感情を抱いたことについて、感情動詞を用いて表現するとき、**受動態を用いる必要があります**。では、例文をみてください。

I am excited.
（私はわくわくしている〈わくわくさせられた〉。）

He was amazed.
（彼は驚いた〈驚かされた〉。）

She is so tired.
（彼女はとても疲れている〈疲れさせられた〉。）

I'm really surprised.
（私は本当に驚いている〈驚かされた〉。）

この違いは興味深いですよね。英語の世界では、「感情」は自分の中から出てくるというよりは、「与えられる」感じだということです。

さて、このように感情動詞を使った受動態の表現があるわけですが、**「何によって」その感情が引き起こされたのかの原因**を示す場合に用いる前置詞は、実に多様です。すでに述べたように、byで表現することはほとんどありません。

次の例文を見てみましょう。

They were surprised at the singer's fantastic voice.
（彼らは歌手の素晴らしい歌声に驚いた。）

ここでは、**at**が用いられていますね。"Hey, look at the corner!"（ねぇ、あの曲がり角を見て！）の例からもわかるように、atには、**「瞬時性」**のような感覚があります。atを用いることで「パッ」と視線を向ける感じがでるのです。感情が何かに反応して瞬時に起こったような場合に、atが用いられるのは、そういう理由と考えてください。この例文では、歌手の素晴らしい歌声にパッと反応し、"They were surprised"（驚いた）となったわけです。「ハッ」とや、「パッ」とですから、驚くという感情表現では、atがおおいに活用されます。

She was shocked at the news.
（彼女はそのニュースにショックを受けた。）

I was amazed at how beautiful the picture looked.
（私はその絵の美しさに驚いた。）

さて、次の文はどうでしょう。

I am concerned about you.
(私はあなたに関心があります。)

この文には **about** が用いられますね。about の CORE は「**その周辺**」です。

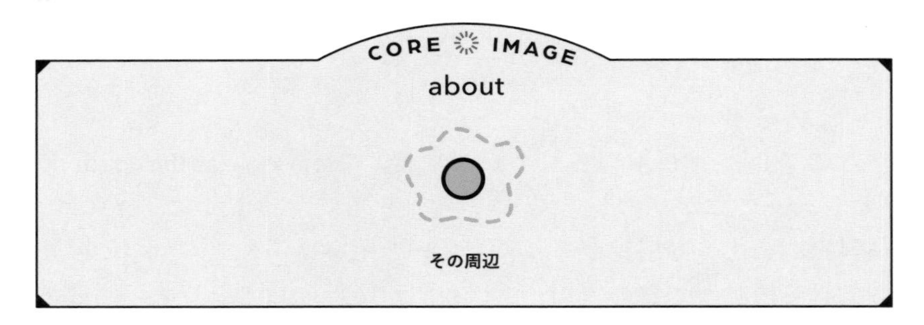

何かの周囲が**ぼや〜っと**している感じをイメージしてください。

例文では、about you が用いられているので、「あなたのことについていろいろ」といったニュアンスです。concern は「関心をもたせる」という意味の動詞なので、受動態を用いています。ほかにも、「君のこと(についていろいろ)心配していたんだ」と言いたければ、"I was worried about you." となります。

さて、それでは次にいきます。

"She is satisfied with the result."
(彼女は結果に満足している。)

今度は、**with** が用いられていますね。with の CORE は、「**～とともに**」です。

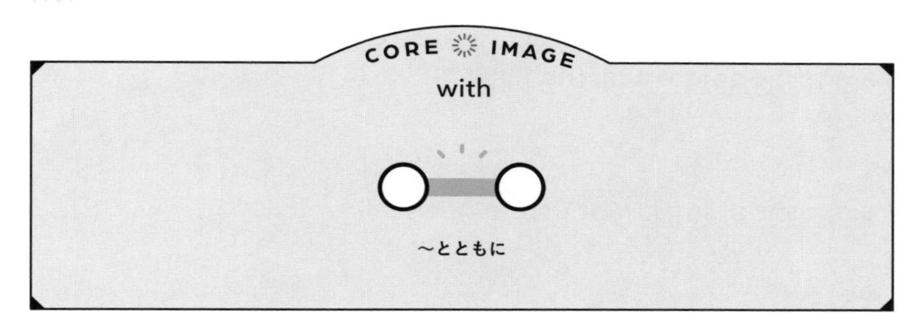

with A といえば、A との**つながり**が意識されます。感情の表現とセットで用いられれば、**その感情が持続している**ような感じが出ます。たとえば、「彼はまだ私に怒っている」という場合は、"He is still angry with me." です。

例文では、be satisfied(満足している)状態が the result(結果)と「**つながって**」いて、**持続**しているイメージです。

I am bored with his bad jokes.
(私は彼の悪い冗談には飽き飽きだ。)

I am still confused with what you said to me before.
(私は、以前、あなたが私に言ったことに関して、いまだに混乱している。)

すでに、お気づきの人も多いと思いますが、「この感情動詞だったら、この前置詞」のように決まっているわけではないのです。ただ、「**相性がいいかどうか**」はあるので、やはりそれは知っておくべきですが、一方で、時と場合に応じて、適切な前置詞を選びとって、自分の感情を自由に表現するという姿勢もやはり大切です。

例文で確認しておきましょう。

〈今この場で起こったことに〉

I am disappointed at the news.

（そのニュースにはがっかりだ。）

〈それについていろいろ〉

I am disappointed about the news.

（そのニュースについてはいろいろがっかりしているよ。）

〈それによって引き起こされた〉

I am disappointed by the news.

（そのニュースにはがっかりさせられた。）

〈「驚き」の感情が持続〉

I am disappointed with the news.

（そのニュースにはがっかりしているよ。）

このように、受動態における前置詞句で用いられる前置詞は、状況に応じて自由に使い分ければいいのです。

では、1の冒頭のQ-Bをもう一度考えてみましょう。

B 次のうち、正しい文はどれでしょうか？

〈ニュースにがっかりしているとき…〉

❶ I am disappointed by the news.
❷ I am disappointed about the news.
❸ I am disappointed at the news.
❹ I am disappointed with the news.

もうわかりましたね？ Q-Bの答えは、「**全部正しい**」です。4つの文の中で、一番よく使われるのは❸だと思いますが、時と場合によって、使い分ければいいのです。

PART 4

文法と意味は切り離せない

PART 4をここまで読んで、「受動態」に対する見方が変わり、受動態を使うときのキモチがわかったでしょうか？ 受動態と能動態では、話し手の視点の位置が異なるのでしたね。たしかに、文法の面では、多くの場合、互いは「書き換え」が可能かもしれません。しかし、意味の面も考慮に入れると、2つの「態」は異なるニュアンスを伝える異なる表現であることがわかります。

私たちは文法を学ぶとき、「文法」と「意味」を切り離して考えてしまいがちですが、「文法」には「意味」があります。これらはコインの裏表のようなもので、切っても切れない関係です。「意味」を伝えるために「文法」があるのです。ぜひ、「文法」をコミュニケーションに活かしてくださいね。

\ NEW /

APPROACH

受動態

対象に視点を置き、行為者をあいまいにする

受動態の CORE「**対象に視点を置き、行為者をあいまいにする**」を意識する。

❶ 話し手の視点で「対象が～される」という語り口を「受動態」と呼ぶ。

❷ 受動態になる動詞は、基本的に他動詞で、「何かに影響・はたらきを与える」意味があること。

❸ 行為者がはっきりせず、あいまいだからこそ、受動態を使う。

PART 5

準動詞

コア

動詞の後ろにto doがくるのかdoingがくるのかといったようなモヤモヤする丸暗記も、to不定詞と動名詞のコアを「理解」することで、スッキリと解決に導きます。

動名詞と to 不定詞

どちらをとるかは相性できまる

PART 5 では、いわゆる「**準動詞**」を扱います。なかでも、特に、中学校・高校で習ったであろう「**動名詞と to 不定詞の使い分け**」に重点を置いて説明していきます。「この動詞の後ろはto doなの？ それともdoingなの？」という問題を解いた記憶がありますね？「enjoyの後ろは必ずdoingになる！」のように、丸暗記で乗り切ったという人も多いのではないでしょうか。残念ながら、これだとto不定詞と動名詞を使いこなすことは難しいのです。では、どうするか。やはりこれもコアですよね。しかし、コアをみていく前に、まずはこの2つの使い分けに関する従来の学習をふり返ってみましょう。

TRADITIONAL WAY

to不定詞の「名詞的用法」と動名詞はどちらも名詞のはたらきなので、互いに書き換えることができる。

どうですか？ 何となく「そうなんだ」と納得し、使い分けを意識しないままの人もいるかもしれませんね。では、頭を「**表現英文法**」に切り替えるためにも、次のクイズにチャレンジしてもらいましょう。

A 次のⒶ、Ⓑの文は「フルートを吹くことが私の趣味です」という文ですが、ネイティブスピーカーはどのように使うか、下の❶～❸から選びましょう。

➡ 答え p.160

Ⓐ To play the flute is my hobby.
Ⓑ Playing the flute is my hobby.

❶どちらもよく使う。
❷ Ⓐは使うがⒷは使わない。
❸ Ⓐは使わないがⒷは使う。

B 次の日本文の英訳で、正しいのはどちらでしょうか？

「女王と個人的にお話しするのを想像できますか？」

➡ 答え p.163

❶ Can you imagine talking to the Queen in person?
❷ Can you imagine to talk to the Queen in person?

C 「あなたに会うのを楽しみにしています」は英語で "I am looking forward to seeing you." と言います。to の後ろなのに原形ではなく、～ing 形なのはなぜでしょうか？

➡ 答え p.180

PART 5

さぁ、どうでしょうか？ 今は難しくても、1を読んで、to 不定詞と動名詞の違いをしっかりと理解しましょう。そして、「使える」ようになりましょう。

動名詞は名詞である

まずは、**動名詞**から攻略していきましょう。

さっそく、Q A の答えですが、正解は❸です。「フルートを吹くのが私の趣味です」と表現したい場合、"To play the flute is my hobby." とは、まず言いません。"**Playing the flute is my hobby.**" であれば OK です。もしかするとみなさんのなかには、「〜すること」だからどちらでも OK と、❶を選んだ人も多いのではないでしょうか。では、なぜこの場合には Playing the flute、すなわち、「動名詞」が選ばれるのでしょうか。

少し難しい言葉を使いますが、動名詞の CORE は「**動詞が頭の中で完全に名詞化された概念**（がいねん）」だと考えてください。

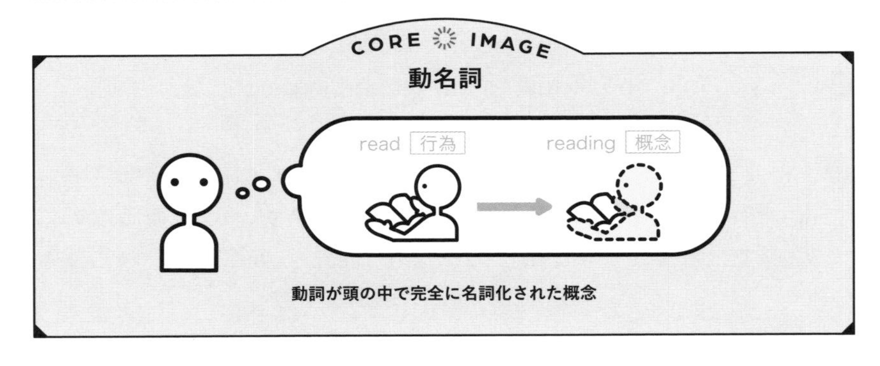

たとえば、「あのリンゴを取ってください」と言ったときの「リンゴ」は**現実にその場に存在する**わけですが、「リンゴっておいしいよね」と言ったときの「リンゴ」は**話し手の頭の中にある概念**です。ほかにも、「食べる」と言えば動詞ですが、「食（しょく）」と言えば名詞であり、これは頭の中にある「概念」ですよね。動名詞もこの発想でとらえることができるのです。

また、「私の趣味は音楽の演奏と本を読むことです」と言いたければ、“My hobbies are playing music and reading.” と表現するのが自然です。「音楽の演奏」、「本を読むこと（読書）」はどちらも話し手の頭の中にある概念だからです。このように、**動詞を頭の中で概念化し、名詞に変換する**のが動名詞なのです。ちなみに、この文を “×My hobbies are to play music and to read.” とは言いません。

動名詞は「頭の中でイメージを描く」

みなさんご存じのとおり、動詞の～ing 形は動名詞のほかに、もう1つあります。進行形などで使われるもので、「**現在分詞**」といいます。「現在分詞」と「動名詞」の違いは、実際に観察できるか、頭の中にあるか、です。

“He is playing soccer.”（彼はサッカーをしています）という文は**現在進行形**ですから、この～ing は**現在分詞**です。実際に彼が soccer をしているのですから、観察することができますね。

一方で、“I like playing soccer.”（私はサッカーをすることが好きです）という文の playing は**動名詞**です。「サッカーをすること」という名詞化された概念が、頭の中で作られていますね。さきほどの「リンゴっておいしいよね」の「リンゴ」と同じです。

頭の中でイメージを描く

PART 5

さらに次の文を見てください。

She usually avoids being alone.
(彼女は、たいてい1人でいることを避けます。)

この文では、avoid(避ける)という動詞の後ろに、動名詞の being alone(1人でいること)が置かれています。動名詞が用いられているので、「1人でいること」は頭の中の概念です。

もう少しかみくだいた説明をしましょう。言うなれば、動名詞は**「頭の中でイメージを描く」**ときに使われるのです。頭の中でイメージ化しているわけですから、時間を超越しています。**「動名詞は過去のことのみに使う」**と言われることがありますが、実はそうではありません。動名詞は、頭の中で描いている**「行為の記憶」**、**「行為の想定」**、**「一般化された行為」**などを表現することができるのです。

次の例文を見てください。どれも**「動詞が頭の中で完全に名詞化された概念」**であることを確認してください。

❶記憶

I remember seeing the Queen at St. Paul cathedral.
(セントポール大聖堂で女王に会ったことを覚えています。)

❷想定

Can you imagine talking to the Queen in person?
(女王と個人的にお話していることを想像できる?)

Do you mind waiting here a while?—No. Not at all.
(こちらで少しお待ちいただけませんか?—いいですよ。)

❸一般化された行為

I love listening to big band jazz music.
(ビッグバンドジャズの音楽を聴くのが大好きです。)

We all enjoy playing music with our friends.
(私たちはみんな友だちと音楽をすることを楽しみます。)

いかがでしょうか。どれも「頭の中で描いている」感じが読みとれますね？ この感覚がわかることは、動名詞を「使いこなす」ための大きな一歩です。

さて、さりげなくQ-Bの答えが、❷の例文に入っていたのに気づきましたか？ Q-Bをもう1度みてみましょう。

B 次の日本文の英訳で、正しいのは❶、❷のうち、どちらでしょうか？

「女王と個人的にお話しするのを想像できますか？」

❶ Can you imagine talking to the Queen in person?

❷ Can you imagine to talk to the Queen in person?

PART 5

Q-Bの答えは、❶の "**Can you imagine talking to the Queen in person?**" です。「女王と個人的に話すこと」という「想定」を頭の中で想い描いているわけですから。

ところで、大学受験のための学習で、「**後ろに動名詞をとる動詞はMEGAFEPS（メガフェプス）だ！**」と習った人はいませんか？ これらは後ろに動名詞をとる動詞の代表例を、Mind、Enjoy、Give up、Avoid、Finish、Escape、Put off（Postpone）、Stop というように、頭文字をとって「ゴロあわせ」にしたものです。

試験で点を取るだけが目的ならば、この方法でも良いのですが、これだけだと、**なぜこれらの動詞が後ろに動名詞をとるのか**が、わからないままになってしまいます。また、このMEGAFEPSの中に存在しない動詞はどうなるでしょう。たとえば、imagineの後ろは、動名詞はOKですが、to不定詞はダメです。

ついでに、次の remember のような例を挙げて、安易に「**to 不定詞は未来的**」「**動名詞は過去的**」と言い切ってしまうこともあるようです。

I remember seeing her at the Covent Garden.
（コベントガーデンで彼女に会ったことを覚えている。）

Please remember to see her at the Covent Garden tonight!
（今夜コベントガーデンで彼女に会うことを覚えておいてください！）

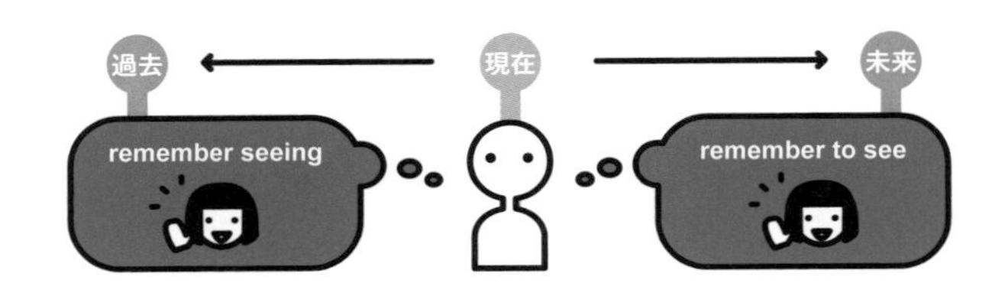

しかし、この言い切りはいくらかの危険をはらんでいます。

「to 不定詞は未来的」はあながち間違いではありません（2で解説）が、**「動名詞は過去的」は言い過ぎ**といえます。現に、Q B で紹介した "Can you imagine talking to the Queen in person?"（女王と個人的にお話しすることを想像できますか？）では、動名詞がどちらかと言えば「未来的」に使われています。次の例もみてください。

Would you consider working with me?
（私と一緒に働くことを、じっくり考えてくれませんか？）

この例にある consider という動詞は、「じっくりと考える」という意味の基本語ですが、その後ろに動名詞があります。しかしこれは、文脈からして、完全に「未来的」ですよね。しかも、consider は MEGAFEPS のなかには存在しません。丸暗記学習には限界があり、また、「to 不定詞は未来的」「動名詞は過去的」のような大胆な分類には、やはり無理があるのです。動名詞は「**動詞が頭の中で完全に名詞化された概念**」という CORE で理解してください。

to 不定詞は「行為に向かう・行為と向き合う」

では、話をいったん「**to 不定詞**」に移します。to 不定詞を理解するカギは、なんと言っても **to** です。to の CORE は「**対象に向かう、対象と向き合う**」です。

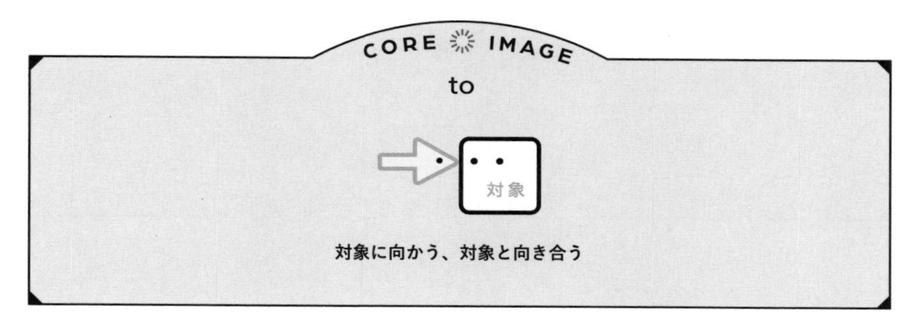

「向かう」もしくは「向き合う」は、基本的には「相手」「ゴール」「目標」「結果」のようなものに向かう、向き合うということです。

to は「**方向**」だと理解されている場合が多いですが、to の CORE IMAGE をよく見てください。対象に「**向かっている**」のと同時に、対象と「**向き合っている**」感じがしますね。ほとんどの場合、to は「向かう」か「向き合う」のどちらかが強く出ます。

walked to the station であれば「駅まで歩いた」です。これは「**対象に向かう**」が強く出ていますね。しかし、「面と向かって」を face to face、「そのドアに合う鍵」を the key to the door というように、これらの例では「**対象と向き合う**」関係が強く出ています。

to 不定詞の場合は、後ろに動詞がくるわけですから、「対象」は動詞が表す**行為**です。よって、to 不定詞の CORE は「**行為に向かう、行為と向き合う**」です。

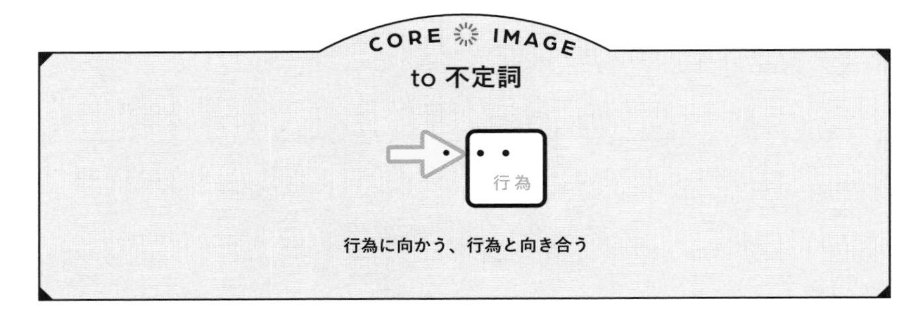

次の例をみてください。

He decided to go to Paris.
(彼は、パリに行くことを決めました。)

decide(決める)という動詞が使われています。一般に「決める」という行為は、その先に起こることを「決める」のですから、decide は to 不定詞と相性が良いわけです。decide の目的語に動名詞を置くことはありません。to 不定詞の CORE である「**行為に向かう**」からは「これから行うことに向かう」という、いわゆる「**未来性**」が見てとれます。ほかの例もみてみましょう。

Please don't hesitate to contact me.
(私に連絡することをためらわないでください。) = (お気軽にご連絡ください。)

さて、これはどうでしょう。動詞 hesitate(ためらう)は「これからすること」を「ためらう」わけですから、これもまた「未来性」のある to 不定詞と相性が良いのです。ちなみに、上の表現は、メールなどでも活躍する表現ですので、ぜひマスターしたいものです。

では、次の文はどうでしょう。

We are planning to stay overnight here.
（私たちはここで夜を越すつもりでいます。）

ここでは plan（計画する）という動詞が使われています。そろそろつかめてきましたね？「これからやること」を「計画する」わけですから、当然 to 不定詞と相性が良いことになります。この “We are planning to do …” もしくは “I am planning to do …”（…するつもりです）の表現も会話で大活躍するので、ぜひ理解して使えるようになりましょう。

to 不定詞の「**行為に向かう**」というイメージを、いくつか追加で例を挙げておきますので、to 不定詞の CORE を確認しながら声に出して読んでみてください。

PART 5

He promised to stay till we arrived.
（彼は、私たちが到着するまで、そこにとどまると約束しました。）

Yoshie intends to study abroad again next year.
（ヨシエは、来年また外国に留学するつもりでいる。）

They refused to help us.
（彼らは、私たちに援助することを断った。）

Matt tends to get angry when people oppose him.
（マットは、人が自分に反対すると腹を立てる傾向がある。）

to 不定詞と相性が良い動詞もまとめておきます。

to 不定詞と相性が良い動詞の例

agree（同意する）	choose（選ぶ）
desire（望む）	determine（決心する）
expect（期待する）	hope（望む）
pretend（ふりをする）	want（〜したいと思う）

いかがでしょうか。ここまでは動詞の後ろに to 不定詞をとるのか、動名詞をとるのかの話をしてきました。これまでは「MEGAFEPS（メガフェプス）の後ろは動名詞、decide の後は to 不定詞」のように、問答無用で丸暗記してきたという人も少なくないと思います。しかし、実際、ネイティブスピーカーはそんなふうに暗記して使っているわけではありません。その**動詞との相性でどちらにするか決めている**のです。文法的に言えば、to 不定詞も動名詞もどちらも**名詞的なはたらき**をするという機能をもちますが、意味的に言えば、まったく性質の異なる2つなのです。

\ NEW /
APPROACH

動名詞

動詞が頭の中で完全に名詞化された概念

to 不定詞

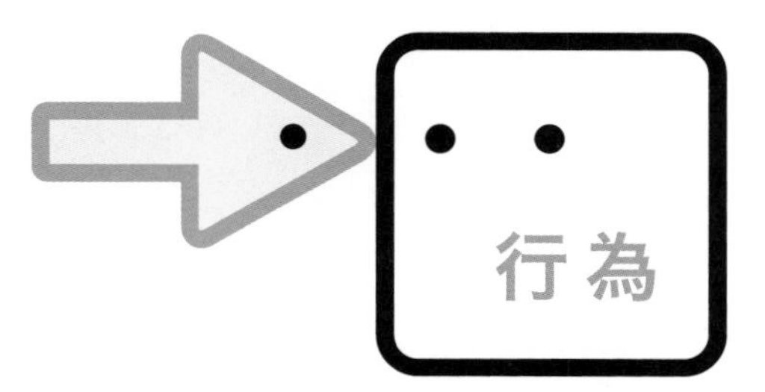

行為に向かう、行為と向き合う

PART 5

動名詞の CORE **「動詞が頭の中で完全に名詞化された概念」**、to 不定詞の CORE **「行為に向かう、行為と向き合う」**を意識して、その文の動詞と相性が良いのは、どちらなのかを考えて使い分ける。

COLUMN

“be to 不定詞”

「be to 不定詞」は､「予定」「意図」「可能」「運命」「義務」の5つの意味の丸暗記をするのが定番の学習法ですが……

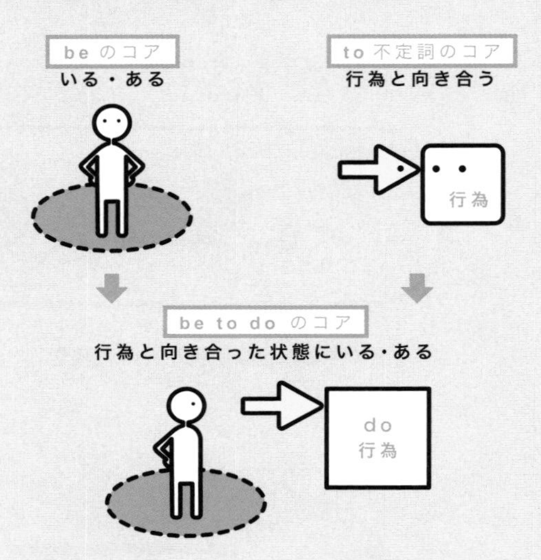

このようにコアがあります。コアを意識すれば、文脈で意味が決まり、丸暗記の必要はありません。

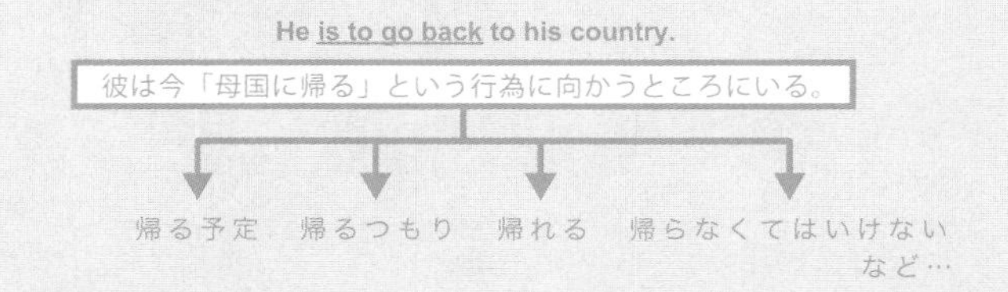

PART 5
SECTION 2

to 不定詞をもっと攻略する

向かう、向き合う

1では「動名詞をとるか to 不定詞をとるか」に焦点をあてて話をしましたが、ご存知のように、to 不定詞の使い方はもっと色々あります。1で出てきた名詞的用法のほかに、どのように習ったか、従来の学習をおさらいしてみましょう。

TRADITIONAL WAY

to 不定詞の 3 つの用法

1 名詞的用法：主語・目的語・補語になる。

2 形容詞的用法：名詞を修飾する。

3 副詞的用法：名詞以外を修飾する。

➡「目的」「感情の原因」「判断の根拠」「形容詞修飾」「条件」「程度」「結果」などの意味がある。

思わず頭痛がしてきたという人もいるのではないでしょうか？ そういえばこんなことやったなぁ…でもよくわからなかったなぁ…という人も少なくないでしょう。

しかし、ここで**コア学習の二大原則**（➡ 答え p.032）のうちの 1 つ、「❷ **カタチが同じなら共通の本質的な意味（コア）がある**」を思い出してください。一見すると異なる意味がいくつもあるように思われる to 不定詞ですが、コアを意識すると、その見方は一変するはずです。

では、次の例文をみてください。

❶名詞的用法

I've decided to eat this paella.
([飲食店で]私はこのパエリアを食べることにもう決めました。)

❷形容詞的用法

This is a special spoon to eat this paella with.
(これはこのパエリアを食べるための特別なスプーンです。)

❸副詞的用法

We came to this restaurant to eat this paella.
(私たちはこのパエリアを食べるためにこのレストランに来ました。)

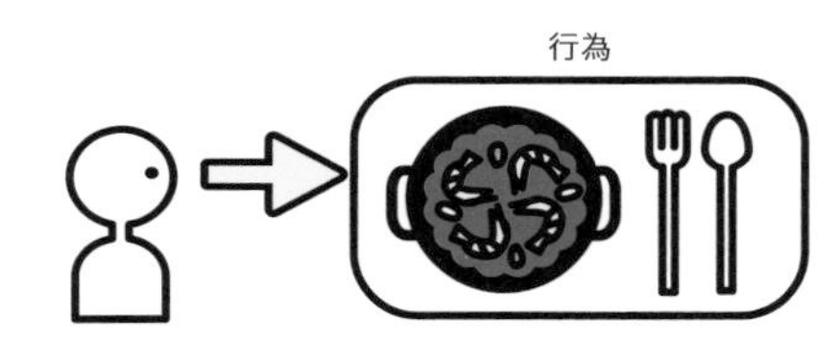

異なるように見える３つの用法はすべて
「パエリアを食べるという行為」に向かっている

いかがでしょうか？「名詞的用法」「形容詞的用法」「副詞的用法」と、異なる３つの用法が存在しているように見えるto不定詞も、コアである「**行為に向かう、行為と向き合う**」を意識することで、一緒に見えてきませんか？

では次に、TRADITIONAL WAYの「目的」「感情の原因」……のように文法を説明されても、なかなか理解しにくい副詞的用法の例文をみていきましょう。

❸副詞的用法

目的　Saki went to Keio University to be a lawyer.
(サキは、弁護士になるために慶應義塾大学へ行きました。)

感情の原因　He is quite happy to be a lawyer.
(彼は、弁護士になれて非常に幸せです。)

判断の根拠 He must be so smart to be a lawyer.
(弁護士になるなんて、彼は頭がとても良いに違いない。)

結　果 Daniel grew up to be a lawyer.
(ダニエルは、成長して弁護士になりました。)

程　度 She was too young to be a lawyer.
(彼女は、弁護士になるには若すぎました。)

一見するとさまざまな意味をもつようにみえるto不定詞の副詞的用法を、しっかりと「理解」するカギは、やはりコアにあります。

すでに、1で見たように、to不定詞のCOREは、「**行為に向かう、行為と向き合う**」です。

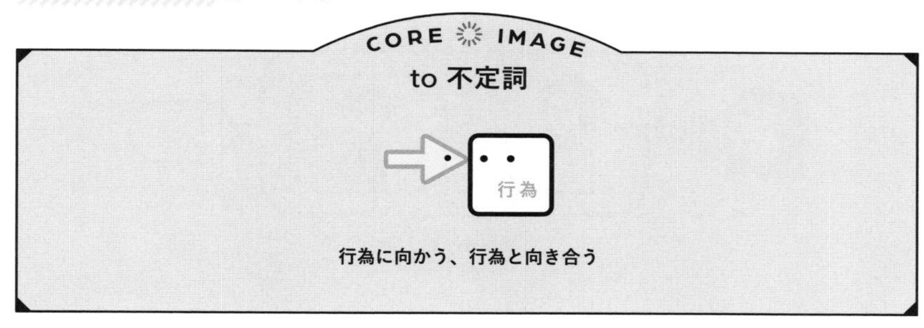

「向かう」が強く出る場合と、「向き合う」が強く出る場合があることは説明しましたね(➡ p.165)。

“Saki went to Keio University to be a lawyer.” では、「弁護士になるという行為に向かう」ニュアンスが、「大学に行った」の「**目的**」の意味を生んでいます。このように、to不定詞そのものの意味は極めて**単純であいまい**です。「**行為に向かう、行為と向き合う**」というCOREが、状況・文脈に照らしたとき、「目的」になり、「感情の原因」になり、「判断の根拠」になる、というだけなのです。

“He is quite happy to be a lawyer.” では、「弁護士である状態と向き合っている」ニュアンスです。その状態が「幸せ」なのです。

“He must be so smart to be a lawyer.” は「弁護士であることと向き合っている（もしくは向かっている）」ニュアンスです。そこから（話し手が）判断し、「頭が良いに違いない」と思っているのです。

“Daniel grew up to be a lawyer.” は、まさに「行為に向かう」でしょう。「ダニエルは成長した、その結果、弁護士になる（である）ことと向き合った」ということで、「成長した、その結果、弁護士になった」となります。

“She was too young to be a lawyer.” では、「程度」 の to 不定詞が使われています。「弁護士になれない程若かった」と解釈できるからです。この to 不定詞も、やはり「行為と向き合う」ニュアンスです。「弁護士になるという行為と向き合う」のにはまだ too young というわけです。

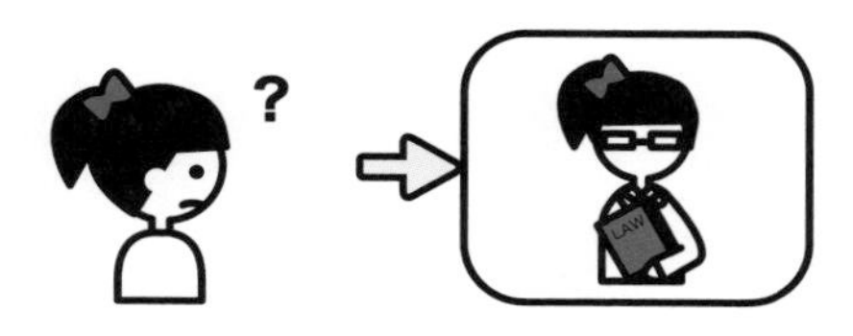

このように、to 不定詞の CORE を理解すれば、用法の丸暗記から脱して、英文を正しく解釈する、あるいは柔軟に使えることにつながります。どの例文にも、to 不定詞の CORE が活きていることを確認してみてください。

PART 5

\ NEW /
APPROACH

to 不定詞

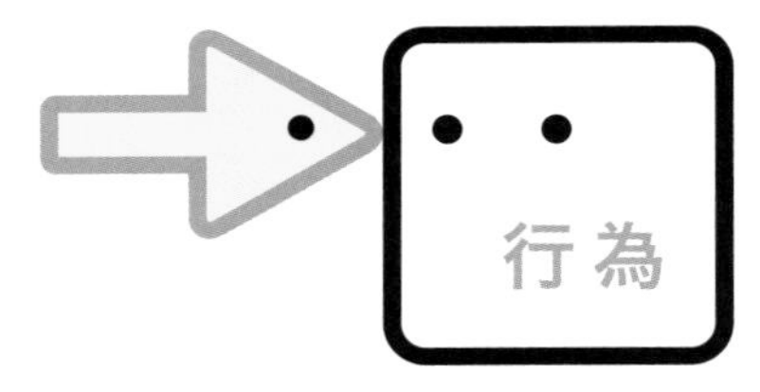

行為に向かう、行為と向き合う

to 不定詞の CORE「**行為に向かう、行為と向き合う**」を意識して、用法を暗記しなくても解釈できるようになる。

PART 5

SECTION 3

動名詞をもっと攻略する

動名詞は名詞だ

3では、動名詞をよりくわしくみていきましょう。はじめに、動名詞を従来はどのように学習してきたかを確認しておきます。

TRADITIONAL WAY

動名詞は、動詞＋ ing のカタチで名詞的にはたらき、「〜すること」という意味になる。

1で学んだように、動名詞の CORE は「**動詞が頭の中で完全に名詞化された概念**」でしたね。主語・目的語・補語となる動名詞は、**名詞**と同様に使えます。動名詞が文の中で名詞と同じはたらきをすることを確認する方法は、文法的な側面から、2つあります。

1つには、**名詞と同じように名詞の所有格をつけることができること**が挙げられます。「私の犬」であれば my dog ですが、同じように「私の喫煙」であれば my smoking とすればいいわけです。

my dog

my smoking

次の例を見てください。

Would you mind my smoking here?
（あなたは私がここで喫煙することを気にしますか？）

“my smoking here” は、「私がここでタバコを吸うこと」という、頭

PART 5

の中で描く「想定」ですね。「トムが吸うこと」であれば、“Tom's smoking here” です。このように所有格をつけることができることから、動名詞が名詞であると確認できます。

I love his singing of this song.
（私は彼がこの歌を歌っているのが大好きです。）

She is proud of her son's being a famous movie star.
（彼女は息子が有名な映画スターであることを誇りに思っている。）

さて、動名詞が名詞であることを確認する方法のもう１つは、**前置詞の後ろに置くことができること**です。前置詞といえば、名詞の前に置かれるから前置詞というのですが、動名詞もここに位置することができます。

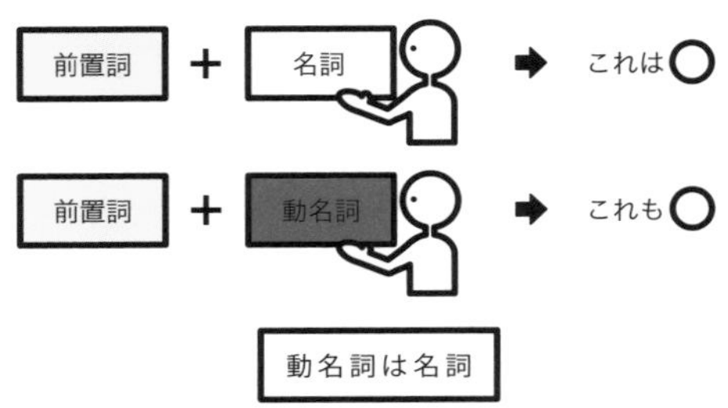

動名詞は前置詞の後ろに置くことができる

次の例を見てください。

You don’t have to try to be perfect in speaking a foreign language.
（外国語を話すことにおいて、完璧になろうとする必要はありません。）

この文では、inという前置詞のあとにspeaking（話すこと）という動名詞が置かれています。speakingが前置詞inの目的語になっているということです。“in this room”と言えば、「この部屋の中では」「この部屋において」などの意味ですが、“in speaking a foreign language”は「外国語を話すことにおいて」といった感じです。次の例も確認してください。

He is very good at playing the flute.
（彼はフルートを吹くのが本当に得意です。）

George left the room without saying good-bye.
（ジョージはさよならも言わずに部屋から出て行きました。）

➡ withoutは前置詞

このように、動名詞は名詞と同じはたらきをするので、前置詞の後ろに置くことができます。しかし、2で学んだ、to不定詞の名詞的用法は、名詞的なはたらきはするのですが、名詞ではないので前置詞の後ろに置くことはできません。

「前置詞の後ろは（不定詞ではなく）動名詞」。すっきりしていて、覚えやすいですが、前置詞にtoがくると、どうしても「to＋動詞の原形」というイメージが先行してしまい、迷ってしまいます。

ここで PART 5 冒頭の Q C を考えてみましょう。

C 「あなたに会うのを楽しみにしています」を英語で "I am looking forward to seeing you." と言います。to の後ろなのに原形ではなく、～ing 形なのはなぜでしょうか？

Q C の答えは、「**この to は、to 不定詞の一部ではなく、前置詞の to だから**」です。look forward to ～（楽しみにしている）という表現は、次のようにも使われます。

I am looking forward to Jun's next book.
（私はジュンの次の本を楽しみにしています。）

この文では、to の後に名詞（Jun's next book）が置かれています。この to は、to 不定詞の一部ではなく、前置詞なので、後ろに動名詞を置くこと**も**できるわけです。ほかに、同様の例をみてみましょう。

You will soon get used to the new environment.
（新しい環境にすぐ慣れますよ。）

You will soon get used to living in a big city.
（大きな都市に住むことにすぐ慣れますよ。）

これらは本来は to のあとに「普通の名詞」を置く表現です。ですから、名詞の仲間である動名詞も、当然ここに置くことができるわけですね。このように前置詞の to を用いて、後ろに動名詞／名詞を置くことができる表現には、ほかに次のようなものがあります。

to の後ろに動名詞／名詞を置ける表現

be used to A（〜ing）	「A に慣れている」
get used to A（〜ing）	「A に慣れる」
devote oneself to A（〜ing）	「A に熱中する」
with a view to A（〜ing）	「A を視野に入れて」
When it comes to A（〜ing）	「A のこととなると」

これで to 不定詞と動名詞の説明はおしまいです。いかがでしたか？ ここでも、英文法は用法の丸暗記でないことが確認できましたね。しっかりと文法の本質、すなわち「コア」をとらえて理解していくことが大切です。「文法を知る」のではなく、「文法力を得る」ことを目指して、「表現英文法」を習得してください。

\ NEW /
APPROACH

動名詞

動詞が頭の中で完全に名詞化された概念

動名詞の CORE は**「動詞が頭の中で完全に名詞化された概念」**なので、動名詞は名詞と同じはたらきをする。このことは、所有格を作れること、前置詞の目的語になることから確認できる。

PART 6

文型

コア

文法の学習は、機械的な分類作業で終えてしまってはいけません。文型にもコアがあります。文型のなかでもとくに学習者がつまずきやすいとされる第4文型と第5文型の使役動詞に焦点を当てて解説していきます。

第4文型を攻略する

ポン、ポンと置く

この本も終盤に近づいてきました。ここまで読んだ読者のみなさんは、すでに「**文法の学習は、ただの機械的な丸暗記や分類ではいけない**」ということに気づきましたね？ 従来の学習では、表現する、すなわち、**話したり書いたりするための文法**という視点が抜け落ちていました。その最たるものが、**文型**かもしれません。

英文法のあるべき姿
文法を使って豊かにコミュニケーションする

学校で、従来指導されてきた「5文型」とは、**主語**(S)、**述語**(V)、**目的語**(O)、**補語**(C)という4つの要素で、英語の文のカタチを**分類**しようという試みです。しかし、いったい何のために分類するのでしょうか。

PART 6 では、そんな英語の「文のカタチ」について、**第4文型**、そして**第5文型**の「**使役動詞＋A＋原形**」のカタチを例にとって解説をします。まずは、「第4文型」を攻略していきますので、はじめに従来の学習を確認します。

TRADITIONAL WAY

第4文型：S V O_1 O_2

She (S) gave (V) me (O_1) chocolate (O_2).

➡最初の目的語 O_1 を間接目的語、後ろの目的語 O_2 を直接目的語という。

➡ $O_1 \neq O_2$ の関係が成り立つ。

➡ S V O_1 O_2 = S V O_2 to / for O_1 というように書き換え可能。

なんだか、単純なことがらを、わざわざ難しい言葉で説明されているように感じませんか？ これを暗記しても、第４文型の文を使いこなせるようにはなりません。こんなときには、コアでしたね。では、手はじめにクイズをやってみましょう。

「ジェネットはホンに言語学を教えました。」という意味の次の２つの文❶、❷の違いは何でしょうか？

➡ 答え p.188

❶ Jeannette taught Hong linguistics.
❷ Jeannette taught linguistics to Hong.

少し難しかったでしょうか？ しかし、PART 6 を読んで、文のカタチそのものに、生きた意味があることを体感してください。さあ、**表現英文法**を学んでいきましょう。

第４文型は「動詞の後ろに名詞をポン、ポン」

「第４文型は、動詞の後ろに目的語になる名詞を２つとる構文で、１つ目を間接目的語、２つ目を直接目的語と呼ぶ」と覚えている方も多いと思います。しかし、これでは少し難しいですよね。もっとシンプルに考えてみましょう。簡単に言えば、**動詞の後ろに２つの名詞をポン、ポンと置く文のカタチ**が**第４文型**です。動詞の後ろの名詞の１つ目がA、２つ目がBだとします。するとこんな感じになります。

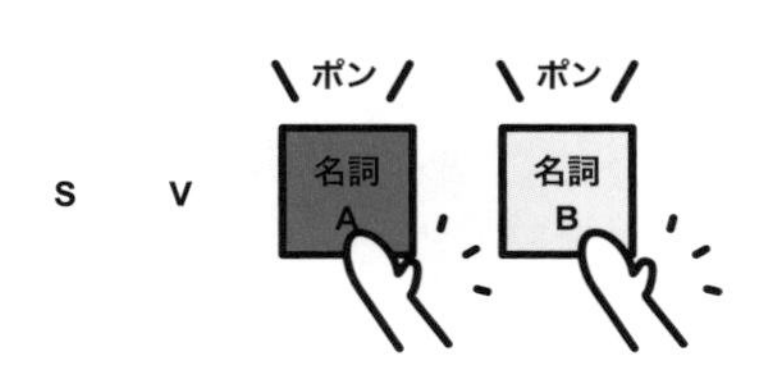

ポン、ポンと頭のなかで唱えてみてください。「動詞＋名詞をポン、ポン」です。この文のカタチにも「コア」があります。

第４文型のCOREは「**『AがBを持つ』状態をSが生み出す**」です。

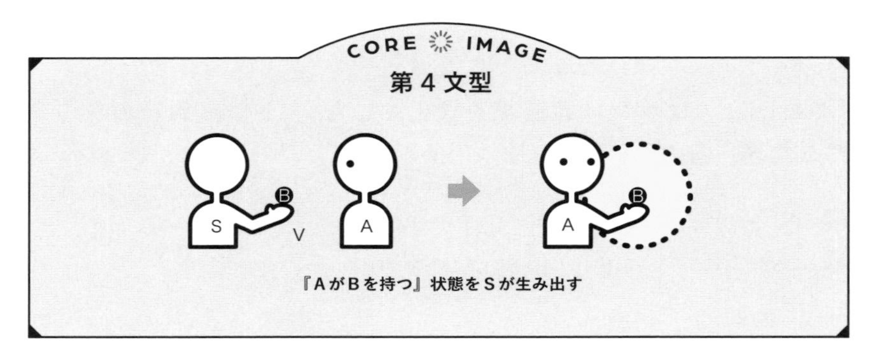

このコアを知っているか知らないかで、第４文型という文型を「使えるか使えないか」がまるで変わってきます。第４文型は、「**AにBを受け渡してあげる**」というようなニュアンスなのです。

John bought me a magazine.
（ジョンは私に雑誌を買ってくれました。）

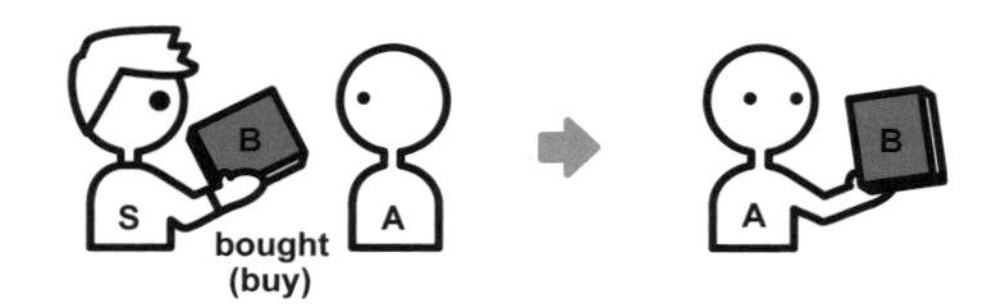

この文は、動詞の後ろに名詞がポン、ポンと２つ置かれていますから、これは第４文型ですね。John という主語が、buy（買う）という動作を経て、「me（私）が a magazine（雑誌）を**持つ**」という状態を生み出していることがわかります。「**受け渡し**」のニュアンスがありますね。ほかの例文も見てみましょう。

Katie taught Bill mathematics.
（ケイティはビルに数学を教えました。）

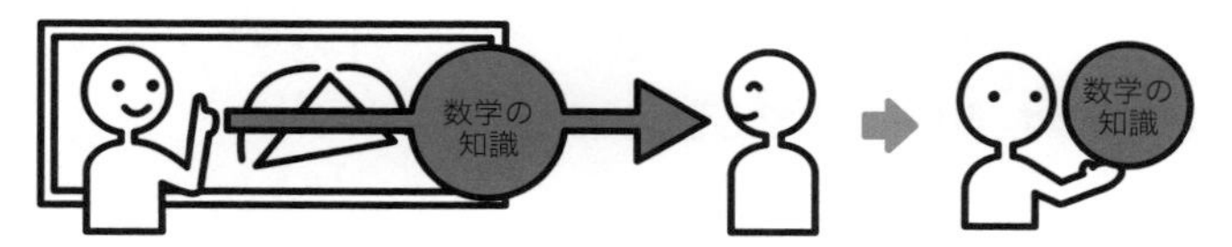

「モノ」を受け渡されているわけではないが、「数学の知識」を受け渡しているイメージ

この例文でも、「受け渡し」のニュアンスが活きていますね。「ビルに数学を教えて**あげる**」ですから。モノを物理的に「受け渡す」ときだけでなく、**心理的に何かを「受け渡す」**ときでも、この文のカタチが使えるのです。

会話でよく使う例としては、このポン、ポンとおく名詞の2つ目を省略したパターンで、"Show me!"（見せて！）や、"Tell me!"（教えて！）などがあります。ここにも「受け渡し」のニュアンスがあることがわかりますか？ 写真を見せてほしいのであれば、"Show me the picture!"（その写真見せてよ！）と言います。しかし、「写真を」の部分が明らかであれば、省略して"Show me!"でいいわけです。

状況的に **Show me "the picture"** であることは明らか

文のカタチそのものが意味をもっている。今までこのように考えたことがありましたか？ 第4文型のカタチにはコアがある。これをしっかり理解すれば、表現力が格段にアップすることは間違いありません。

では、ここで、1の冒頭のQを考えてみましょう。

「ジェネットはホンに言語学を教えました。」という意味の次の2つの文❶、❷の違いは何でしょうか？

❶ Jeannette taught Hong linguistics.
❷ Jeannette taught linguistics to Hong.

どちらも同じような意味を表した文ですが、使われている文のカタチが違いますね。❶の文はtaught（教えた）という動詞のあとに名詞がポン、ポンと2つ置かれているので第4文型の文です。

一方、❷の文はそのカタチではありません。後ろにあるのは名詞1つと前置詞句ですね。

第4文型のCOREは、「**『AがBを持つ』状態をSが生み出す**」でした。よって、“John bought me a magazine.”（ジョンは、私に雑誌を買ってくれた）ならば、「私が雑誌を（自分のものとして）持っている」という意味が含まれています。しかし、もし“He bought a magazine for me.”といえば、「彼が私のために雑誌を買った」ことまではわかりますが、「私が雑誌を持っている」かまではわかりません。

同じように、❶の文には、「Hong（ホン）が言語学を修得した」というような意味が含まれています。

一方、❷の文はJeannette taught linguistics（ジェネットは言語学を教えました）という部分が文のメインの意味であり、to Hongは、その教えがHongという対象（人）に向けられていたことを加えている前置詞句です。よって、この文からは、ホンが教わった言語学をちゃんと理解して修得したかは不明ということになります。

よって、Qの答えは、「❶の文では、『Hong（ホン）が言語学を修得した』ことがわかるが、❷の文では、わからない」です。

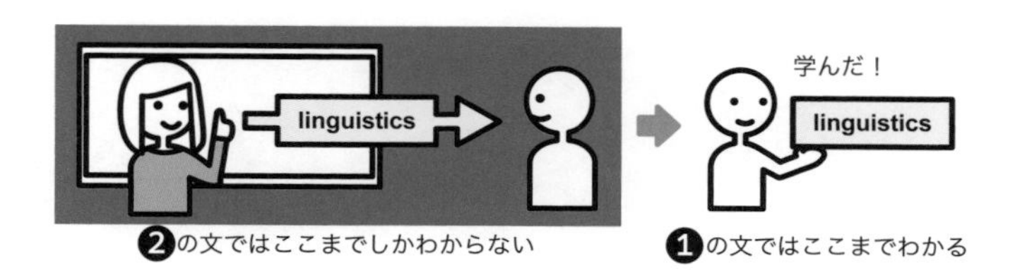

どうでしょうか？「意味」とは無関係に思える文のカタチにも、しっかりと「意味」があることがわかったでしょうか。**「動詞の後ろに名詞を２つポンポン」**の第４文型は「**『AがBを持つ』状態をSが生み出す**」という意味です。ぜひ、積極的にこの文のカタチを使ってみてください。

第４文型のCOREを理解すれば、間接目的語、直接目的語といった用語や、$O_1 \neq O_2$の関係が成り立つことは、無理に暗記しなくてもよいことなのです。

PART 6

\ NEW /
APPROACH

第4文型

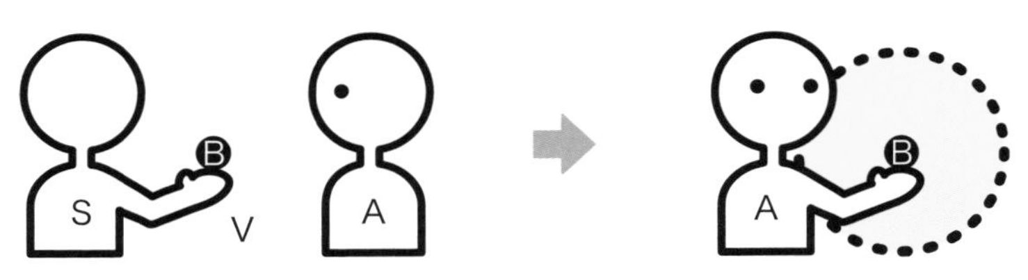

『AがBを持つ』状態をSが生み出す

第4文型の CORE「**『AがBを持つ』状態をSが生み出す**」を意識する。

PART 6 SECTION 2

使役動詞を攻略する

あとに続く小さな節

人に何かをさせることを「使役」といい、「(誰かに) ～させる」という意味をもつ動詞のいくつかは**使役動詞**と呼ばれます。「Jack は Simeon と働いた」は使役の表現ではありませんが、「Edward は Jack を Simeon と働かせた」は使役の表現ですね。では、はじめに、「使役動詞を使った文」に関する従来の学習を確認します。

TRADITIONAL WAY

1. 使役動詞の文のカタチは、第 5 文型に分類される。
2. make、have、let は使役動詞と呼ばれる。
   使役動詞 + A + do（原形）で使うこと。「A に～させる」という意味。
3. get も「A に～させる」という意味の文を作ることができるが、その場合は get + A + to do（不定詞）になるので注意。

PART 6

大体このような感じで学んできたはずです。「使役動詞は原形をとる」などと、暗記したことがありますよね。では、ここでクイズに挑戦してみましょう。

A と B がケンカをしていて、互いにかなり怒っています。A がその場を立ち去ろうとし、ドアのところに立っている B に対して、"Get out of my way!"（どけよ！）と言いました。それに対し、B は "Make me!" と応じました。この B の発言はどのような意味でしょうか？

➡ 答え p.196

すぐにわからなくても大丈夫です。しっかり解答できるようになるため、使役動詞の本題に入っていきましょう。

英語における使役動詞は3つ。**make、let、have** です。しかし、使役の表現を作ることができるという意味においては、**get** もその“仲間”に数えることができます。

さて、それでは「私は彼にそれをやらせる」という意味を表す文を4種類作ってみましょう。

❶ I'll make him do it.
❷ I'll have him do it.
❸ I'll let him do it.
❹ I'll get him to do it.

いかがでしょうか？ お気づきのように、get のときだけ「文のカタチ」が違います。**get ＋ A ＋ to do** のカタチです。一方、make、have、let の使役動詞の場合はすべて、**使役動詞＋ A ＋ do** のカタチをとっています。

さて、ここで2つのことに注目してもらいたいのです。まず1つ目は、「（誰かに）～させる」という意味で **make、have、let を使った場合の共通点と相違点**です。❶❷❸の文については、「文のカタチ」は一緒なので、きっと何か共通の意味があるはずです。また、動詞はそれぞれ違うのですから違いもあるはずです。

2つ目は、**なぜ get だけ文のカタチが違うのかという点**です。文のカタチが違うということは、意味も違うはずですね。今回も、**コア学習の二大原則**（➡ p.032）である「**形が違えば意味も違う**」「**形が同じなら共通の本質的な意味がある**」が学習のカギになります。

使役動詞のカタチ

さて、まずは使役動詞の文のカタチ（**使役動詞＋ A ＋ do**）に注目してみましょう。ここで大切なのは、動詞のあとにある**【小さな節(せつ)】**を意識することです。「小さな節」というのは、あくまでイメージですが、「主語的なもの」と「述語的なもの」のセットだと思ってください。まだよくわかりませんね？ それでは、“I will make her smile again.”（もう一度彼女を笑わせてみせる）という文で【小さな節】を確認してみましょう。

点線で囲まれた部分が【小さな節】のイメージです。はじめに【小さな節】の意味をとってみましょう。【her smile again】の her を主語、smile again を述語だと考えれば、【彼女がもう一度笑う】ということになります。この【小さな節】を make するということです。「【彼女がまた笑う】状況を**作る（make）**」。つまり、「彼女をまた笑わせる」という意味ですね。もう 1 つ見てみましょう。

I'll <u>have</u> my husband do the cleaning.

さてどんな意味でしょう？ ここでは、have という動詞を使って、**have ＋ A ＋ do** のカタチが用いられていますね。文のカタチが同じなら、考え方も同じです。頭の中で【小さな節】のイメージを作ってみましょう。

PART 6

こんな感じにイメージできましたか？【夫が掃除をする】という状況を have、すなわち、「【夫が掃除をする】状況をちゃんと持つ（have）」となり、「夫に掃除をしてもらいます」となります。make を使っても have を使っても let を使っても、考え方は同じです。使役動詞＋ A ＋ do は、使役動詞＋【A ＋ do】だと考え、「A が～する状況を作る」という意味だと理解しましょう。

さて、文のカタチが同じだから、大まかな意味が同じだということはわかっていただけたと思います。ですが、make、let、have を使った文は、違う動詞を使っているわけですから、当然それぞれで意味の違いがあるはずですね。では、その違いをみてみましょう。

使役動詞の make

使役動詞は make、let、have の 3 つですが、「～させる」の意味合いは異なります。その違いを理解するカギ、それは、make、let、have という基本動詞のコアです。

make の CORE は「**手を加えて何かを作る**」です。

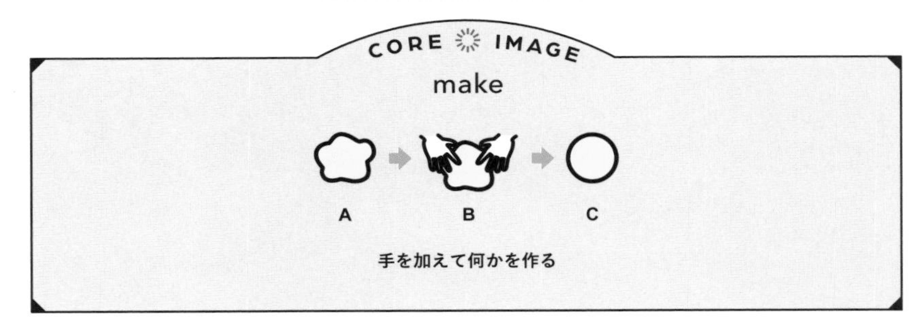

CORE IMAGE では、A が B を経て、C へと「**(形が) 変化**」しているのがわかります。よって **make ＋ A ＋ do（原形）** のカタチでは、「**もともとはそれをやる気がなかった人に〜させる**」ような感じがでます。

たとえば、ボーイフレンドと別れてしまった女の子がしばらく笑顔をみせていないようなとき、“I will make her smile again.”（もう一度彼女を笑わせてみせる）というのは、とても自然ですね。make の CORE がしっかりと活かされています。

また、息子の部屋の汚さを見た母親が “I will make my son clean his room today.”（今日こそは息子に部屋を掃除させるわ）と言えば、やはり make の「**手を加えて作る**」「**変化させて作る**」のニュアンスが活かされて「無理やり掃除させる」感じがでます。このように、make が使役動詞の文のカタチで使われると、多くの場合、「**強制性**」を帯びるということはおさえておきたいところです。

PART 6

“Matt made Cathy work harder.” であれば、「マットはキャシーを無理やり働かせた」といった感じになります。また “Her song makes me feel happy.”（彼女の歌は私を幸せな気持ちにさせてくれる）のような、「強制的」な印象がないような文からもやはり、「私が幸せな気持ちになる」という「変化」のニュアンスは読みとれます。

それでは、ここで冒頭のQについて考えてみましょう。

AとBがケンカしていて、互いにかなり怒っています。Aがその場を立ち去ろうとし、ドアのところに立っているBに対して、“Get out of my way!”(どけよ！)と言いました。それに対し、Bは“Make me!”と応じました。このBの発言はどのような意味でしょうか？

まずは、会話形式で並べて、省略された部分を補ってみましょう。

A：Get out of my way!!（どけよ !!）
B：Make me **get out of your way**!（どかしてみろ！）

Qの答えは、「どかしてみろ！」となります。このBの発言はMakeから文が始まっているので、命令文です。

【小さな節】を作ってみるとわかりやすいですね。「【私がどく】状況を作ってみろよ！」、「どかせるものならどかしてみろよ！（やだね！）」という挑発の文です。この表現は、イギリスよりもアメリカでよく聞かれるのですが、makeの使役表現がもつ、無理やりさせる感じ「強制性」が活かされている例ですね。

使役動詞の let

make は「強制性」と「変化」がキーワードでしたが、それに対して、**let + A + do** の使役動詞の文のカタチの場合は、**もともとAにやる気があります。**

let の CORE は「**阻まない**」です。

「A が〜する」のが、もともと A の意向であったり、自然な流れである状況で、それを「**阻まない**」ということから「**A に〜させる（させてあげる）**」という意味になります。たとえば、“I let my son drink some milk.” といえば、my son はもともと milk を飲みたかった。それを私が「阻まない（**許可した**）」というニュアンスです。ですから、「息子に牛乳を飲ませてあげた。」という意味になります。“I made my son drink some milk.” といえば「牛乳を無理やり飲ませた」というニュアンスになりますね。

「子どもたちを外で遊ばせた」という場合でも、使役動詞によって伝わるニュアンスは違います。“We made our children play outside.” といえば、部屋でばかり遊んでいる子どもたちを無理やり外で遊ばせたというような感じに響きます。

“We let our children play outside.” といえば、子どもたちがもともと外で遊びたがっていた感じがします。それを私たちは「阻まなかった」、すなわち、「**許可した**」ということです。

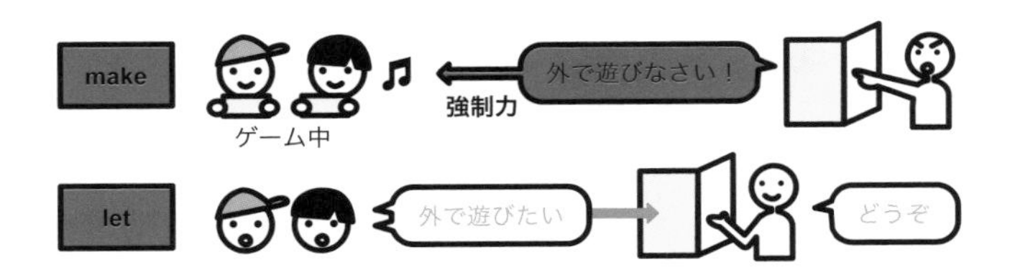

使役動詞の have

have ＋ A ＋ do（原形） のカタチでの have の意味は、make や let の場合のような「無理やり」とか「許可」とかといったニュアンスを帯びることはなく、**とても中立的**です。

have の CORE は「**自分の領域に持っている**」でしたね。

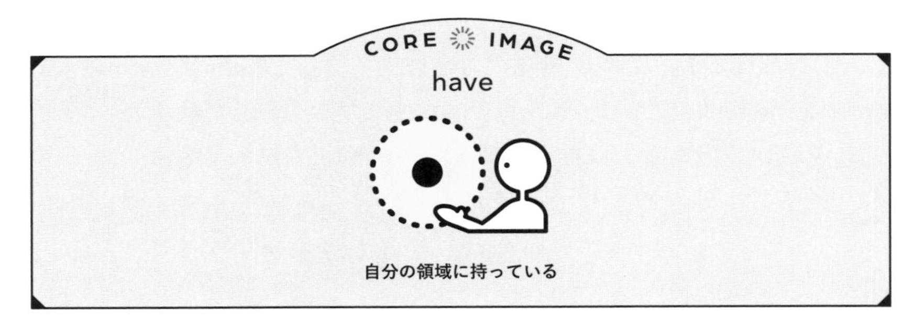

よって、have を使った使役動詞の文のカタチは「**【A が～する】状況をちゃんと持つ・確保する**」といった意味になります。たとえば、ホテルの人に荷物を運んでもらったのなら、“I had the staff carry my bag.”（私はスタッフの人にカバンを運んでもらった）というように表現できます。「荷物を運ばせた・運んでもらった」という状況を生んだことをただ中立的に表すことができるのが、have なのです。

すでに出てきた“I'll have my husband do the cleaning.”（夫に掃除をしてもらうわ）の文でも、【夫が掃除をする】状況をちゃんと確保する意味合いがでています。主語であるI（私）が、何か努力をして「掃除をさせるように仕向ける」という感じではありません。これは、have にはただ「持つ」という意味しかないからです。

いかがだったでしょうか。このように make、let、have を使った使役表現では、それぞれ使う動詞によって、ここまで意味が違うのです。使役動詞は「〜させる」という意味だということで学習が終わってしまっては「使いこなす」ことはできないですよね。しっかりとそれぞれの動詞の CORE を意識して使い分けることができるようにしましょう。

また、この使役の表現では使役動詞＋【小さな節】という同じカタチが使われていることも頭に入れておいてください。

PART 6

使役表現の get はなぜ to do をとるのか

さて、もう１つの疑問について考えてみましょう。使役表現でも get だけは、**get ＋ A ＋ to do** のカタチをとることは、すでに確認しましたね。ところで、なぜ、**get のときだけ to がつく**のでしょうか。to を使うということはどういうことか。このように考えると、get の使役表現の特性がみえてきます。

PART 5 でもみてきましたが、to の CORE は「**対象に向かう、対象と向き合う**」です。

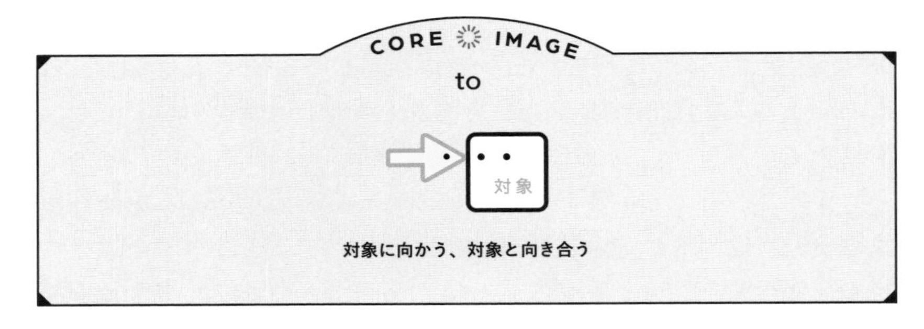

「向かう」もしくは「向き合う」は、基本的には「相手」、「ゴール」、「目標」、「結果」のようなものに向かう、向き合うということです。後ろに動詞がある **to 不定詞**の CORE は、「**行為に向かう、行為と向き合う**」でしたね。つまり、get ＋ A ＋ to do というカタチは、「**A が〜することに向かうよう差し向ける**」もしくは「**A が〜することに向かうことを望む**」という意味です。

“I will get him to do it.”（私は彼にそれをやってもらいます）という例で考えてみると、次のようになります。

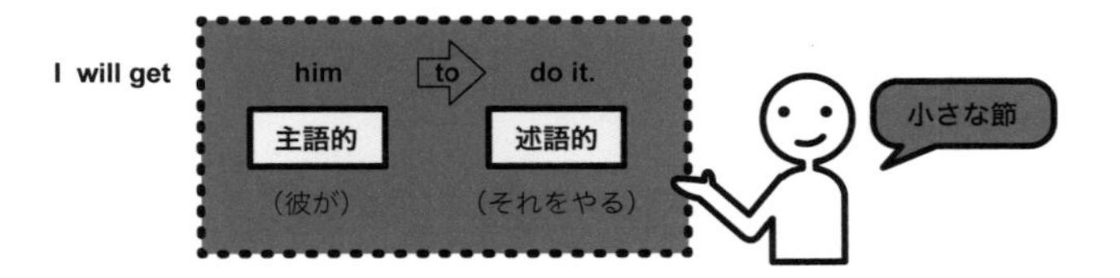

彼がそれをやるように**差し向ける**ようなニュアンスです。to がちゃんと活きているのがわかりますか？ そもそも、get を make、let、have の仲間だと考えてしまうから、「何で get だけ to なの？」ということになってしまうわけですが、**動詞＋ A ＋ to do** のカタチをとる動詞は、get だけではないのです。get の本当の仲間と呼ぶべきものはほかにあります。たとえば、persuade（説得する）はどうでしょう。

Can you persuade your girlfriend to eat more vegetables?
(あなたはガールフレンドにもっと野菜を食べるように説得できますか。)

persuade(説得する)という動詞が、この「**行為に向かうように差し向ける**」という感じにぴったりだと思いませんか? 説得して野菜を食べるようにするというわけですから、まさに「差し向けて」います。ほかにも recommend(勧める)はどうでしょう。

I recommended Joyce to come to Japan.
(私はジョイスに日本に来ることをすすめました。)

PART 6

これもまさにぴったりですね。これでわかりましたね。get は、むしろ persuade や recommend の仲間なのです。「差し向ける動詞」とでも名づけておきましょう。

では、「使役動詞」と「差し向ける動詞」との意味の違いを比較してみましょう。「差し向ける」動詞では、**get + A + to do** というカタチでしたが、使役動詞の場合は **make + A + do(原形)** というカタチでしたね。

ほかにも、差し向ける動詞 + A + to do のカタチが使われている文をみてみましょう。to の CORE が活きていることを確認してください。

❶ encourage（〜するよう勇気づける・励ます）

He encouraged her to apply for the job.
（彼は彼女にその仕事に応募するよう勇気づけた。）

❷ require（〜するよう要求する）

The teacher requires the students to submit their essays.
（その先生は生徒たちにエッセイを提出するように要求します。）

❸ ask（〜をやってくれと頼む）

He asked her to go out with him.
（彼は彼女に付き合ってくださいと頼みました。）

ついでに、動詞＋ A ＋ to do のカタチの「望む動詞」も覚えておくとよいでしょう。

I want you to come to the party with me.
（私はあなたに私と一緒にパーティーに来てほしい。）

ここでも to の CORE が活きていますよね。「**A が〜することに向かうことを望む**」という意味です。expect（期待する・予測する）もよくこのカタチで使われます。

Do you expect me to believe that?
（あなたは私がそんな事を信じると期待しているのですか？）

いかがだったでしょうか？ いままで、「get は使役動詞だけど例外的に to がつくから注意！」のように覚えていたとしたら、認識を改める良いチャンスです。加えて、文のカタチそのものにも意味があるということをおさえておいてください。

COLUMN

“文型の Q&A”

explain は第4文型で使ってはだめと教わったことはありませんか？ なぜでしょう？ say と tell を思い出してみると…

explain を日本語にすると「説明してあげる」ととれなくもないので、一見“受け渡し”の第4文型でも OK に見えます。introduce も同様ですね。でも…

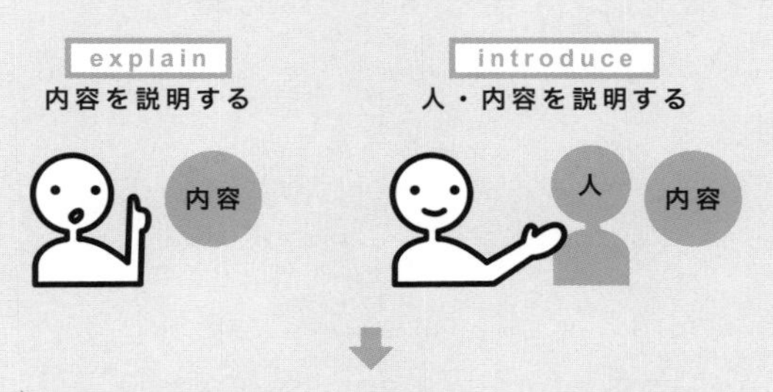

explain も introduce も say の仲間

この2つの動詞は「相手」に“伝える”“受け渡す”ことに重きが置かれていないんです。だから、to を使って “He explained the reason to me.” のように言わなければなりません。コアの理解は大切ですね。

PART 6

5文型は完全ではない

あてはまらないものも存在する

簡単に言ってしまえば、文型というのは「**文の構造パターン**」です。文の構造は、文を構成する要素から成り立っています。

では、文型の要素に関する従来の学習をみていきましょう。

TRADITIONAL WAY

1 文型の要素になるのは、名詞・動詞・形容詞。
2 副詞や前置詞句は文型には必要の無い情報なので、文型には参加しない。

「前置詞句は文型に不要な情報だから取り除いて考える」などと、教わった記憶がありますよね。さて、ここでもまた、クイズをみてみましょう。

He put the dishes on the table.（彼はテーブルの上にお皿を置きました）という文は、何文型でしょうか？

➡ 答え p.205

❶第1文型（SV）　❷第2文型（SVC）
❸第3文型（SVO）　❹第4文型（SVOO）
❺第5文型（SVOC）　❻どの文型にもあてはまらない

え、こんな問題なんて簡単ですか？ そう思った方は、きっと、第3文型（SVO）だと考えたのではないでしょうか。なるほど、on the table は「机の上に」という**前置詞句**なので、**文型に参加しない**ということですね。

結論を下すのは、まだ早いですよ。put の CORE は何だったか、思い出してみてください。

put の CORE は「**何かをどこかに（動かして）位置させる**」です。

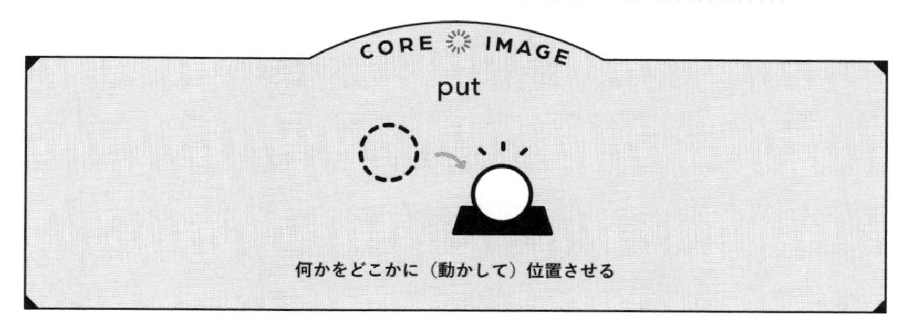

put は「何かを」だけでなく「どこかに」という情報も必要でしたよね（PART 1 参照）。これを考慮すると（従来の5文型の考え方では、前置詞句は文型に参加しないとされていますが）、クイズの文における on the table は、文に必要な構成要素であるということになります。よって、Qの答えは❻です。**5文型のどれにもあてはめることができません**。5文型の学習をするうえで大切なことの1つは、「**5文型は完全ではない**」ということを知ることです。

もちろん「あくまで意味を付け加えているだけの前置詞句」も多く存在します。たとえば、“George broke the window with Mary.”

（ジョージはマリーと一緒に窓を壊した）という文では、with Mary（マリーと一緒に）の部分は「意味を付け加えているだけの要素」であり、with Mary を仮に取ってしまっても文意が通ります。

George broke the window.
（ジョージは窓を壊しました。）

しかし "He put the dishes on the table." における on the table を取り去ることはできません。put の CORE は「**何かをどこかに位置させる**」であり、on the table（テーブルに）の部分が不可欠な情報だからです。さて、つぎの例文もみてみましょう。

The picture reminds me of my school days.
（その絵は私に学生時代を思い出させます。）

文の最後に of my school days という前置詞句がありますね。これを無視してしまうと、The picture reminds me…（その絵は私に…を思い出させた）となり、まったく意味が通りません。「何を思い出させたのか」を表している前置詞句 of my school days はこの文にとって必要な情報です。
あわせて、次の例はどうでしょうか。

Emma made grapes into wine.
（エマはブドウをワインにしました。）

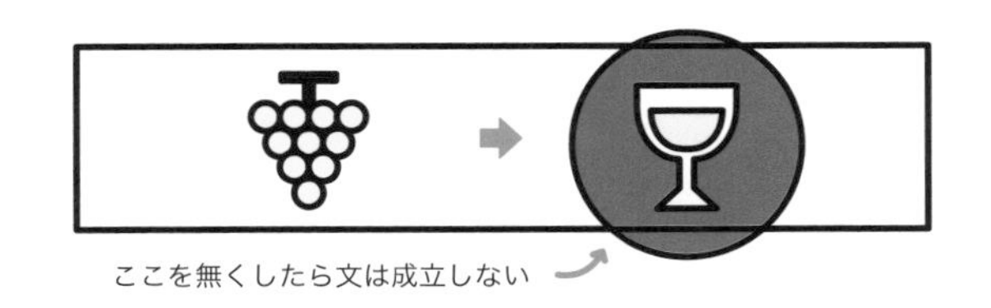

実際、このような例は枚挙に暇（いとま）がないのです。

Edward wiped the towel across his face.
（エドワードはタオルで顔を拭きました。）

He compared John Lennon to Bob Dylan.
（彼はジョン・レノンとボブ・ディランを比較しました。）

PART 6

このように、5文型では捉えきれない英文は、数多く存在します。そもそも、第1文型という文型もSVのみということになっていますが、SVのみで終わるということはむしろ非常にまれです。「主語が〜する」のようなシンプルな文というと、“Humans walk, fish swim, and birds fly.”（人は歩き、魚は泳ぎ、そして鳥は飛ぶ）などがその例です。過去形を用いた“Japan lost.”（日本は負けた）や、matter（重要である）という動詞を用いた否定文の、“That doesn't matter.”（それは重要ではない）といった文も、動詞のあとには何もないSVのみのパターンです。

ところが、次の文はどうでしょうか。

She lives alone.
（彼女は一人で暮らしています。）

Joe looked at the sky.
（ジョーは空に目をやりました。）

従来の学習では、副詞や前置詞句は文の要素にならないとされていますので、この2つの文の alone や at the sky などは不要な情報ということになっています。しかし、たとえば "Joe looked at the sky." の文は、前置詞句を取り除き、"Joe looked." にしてしまうと意味が通じません。"She lives alone." についても、alone をとってしまうと "She lives." となって意味が変わってしまいます。

She is in the kitchen.
(彼女は台所にいます。)

We depend on him.
(私たちは彼に頼っています。)

これらの文も同様に、前置詞句が必要な情報であることを確認してください。

この PART 6 では、「**文のカタチにも意味がある**」ということをくり返し説明してきました。ここで伝えたかったのは、一見、機械的な分類作業のように思える文型の学習も、その文型の CORE を知れば、「使える英文法(表現英文法)」になるということです。ぜひ、実際に話したり、書いたりして、使ってみてくださいね。

PART 7

冠詞

コア

a / an やthe や無冠詞の使い分けは、多くの学習者の悩みの種のようです。ここでは「可算」と「不可算」、「定」と「不定」をおさえ、自信をもって冠詞を使い分けられるようになるための土台作りをします。

可算と不可算を攻略する

まとまりがある？ ない？

いきなりですが、質問です。次の５つの文は、それぞれどのような意味かわかりますか？ 意味の違い、または使う場面の違いがパッと頭に浮かびますか？

1. I ate chicken.
2. I ate a chicken.
3. I ate chickens.
4. I ate the chicken.
5. I ate the chickens.

冠詞、つまり a や the、無冠詞の使い分けが、わからないと思っている人は非常に多いようです。きっと、みなさんのなかにも、「冠詞って苦手だ」と感じている人がいると思います。でも大丈夫です。この PART 7 を、最後まで読み進めてみてください。ここでは、「**冠詞の使い分け**」について、従来の学習とは少し違う切り口で解説を試みたいと思います。「**可算と不可算**」「**定と不定**」という２つの観点から、「名詞に a / an をつけるのか、the をつけるのか、はたまた何もつけないのか」を学んでいきましょう。

可算名詞と不可算名詞

英語には、**可算名詞**と**不可算名詞**があります。平(ひら)たく言えば、**数えられる名詞**と**数えられない名詞**のことです。可算名詞には、単数であれば前に不定冠詞の a / an、複数であれば末尾に〜s / 〜es をつけます。一方、不可算名詞には単数と複数の区別はありません。ここまでは、だいたいの人が知っていると思います。また、「**普通名**

詞」「**抽象名詞**」「**集合名詞**」などの文法用語も聞いたことはありますね。では、従来の学習をおさらいすることからはじめましょう。

TRADITIONAL WAY

1 可算名詞：数えられる名詞。単数の場合は a / an をつけることができ、複数の場合は〜s / 〜es をつける。
apple、bag、week、singer など。

2 不可算名詞：数えられない名詞。a / 〜s はつけない。
water、money、bread、information など。

3 名詞の 5 分類

a 可算名詞：普通名詞、集合名詞

b 不可算名詞：物質名詞、抽象名詞、固有名詞

思い出しましたか？ ここで、1 つ考えてもらいたいのです。そもそも英語における「**数えられる**」とはどういうことなのでしょう？ 日々、500 円、2,000 円、10,000 円といってお金を数えている私たちにとって、「money は不可算名詞です」といわれても、なかなかストンと腑(ふ)に落ちないのが正直なところではないでしょうか。

PART 7

TRADITIONAL WAY にある「普通名詞」「物質名詞」などの分類も、わかるようでわからないクセモノですよね？ 文法書などでは、「普通名詞は同じ種類のものに共通して用いることができる名詞である」と説明されます。だとすると、coffee や gold は普通名詞かな、とも思えますが、coffee や gold は「物質名詞」なのです。

「物質名詞」や「抽象名詞」は、よく「形がない」と説明されますが、week や year といった「形がない」普通名詞もあります。stone（石）はどの分類になるのでしょう？ feeling（気持ち）はどうでしょう？ evidence（証拠）は？ 従来の名詞の 5 分類は、一見、それらしくみえますが、「可算」「不可算」をしっかりと理解し、「使える！」ようになるための知識とは言えませんね。

分類にあいまいな部分があり、
どの分類にすればいいのかわかりにくい名詞も多い

前置きが長くなりましたが、クイズを出題します。

A 次の会話、ネイティブスピーカーが聞くと違和感があります。どこに違和感があるのでしょうか？

➡ 答え p.214

A：What is in this salad? It tastes so good.
B：Oh, actually, I added some apples to it.
A：このサラダ、何が入ってるの？ すごくおいしいよ。
B：あぁ、実はね、りんごを少し入れてあるんだよ。

B 「テーブルの上にタマネギがあるのをみて、彼は驚きました」という意味の文として、次の❶、❷の文の正誤を答えてください。

➡ 答え p.215

❶ He was surprised to see onion on the table.
❷ He was surprised to see onions on the table.

いかがでしたか？ 実は、英語の「可算」「不可算」を理解するために重要なのは「集合名詞」「物質名詞」などといった分類ではありません。「可算」「不可算」を理解するためのカギは、**話し手がその対象をどうみているか**なのです。

「一定のまとまり」でみているか

「英語には、可算名詞と不可算名詞があります」とか、「この名詞は不可算名詞です」のように言うと、あたかも英語には**可算名詞**と**不可算名詞**の2種類の名詞が存在しているように響いてしまいます。ここが従来の「可算」「不可算」の学習の大きな弊害だと言えるでしょう。

名詞には、可算名詞と不可算名詞という、決まった2種類の名詞があるのではありません。話している人がその対象を**どうみているか**で、「可算か不可算」が、その都度決定されるのです。

「どうみているか」とは、話し手がその対象を「**一定のまとまり**」で捉えているかどうかです。この一定のまとまりというのがポイントなのです。

では、APPLE（リンゴ）を例に説明しましょう。（※本書では、大文字で“APPLE”と書く場合、可算・不可算や定・不定に関係ない中立な名詞概念を表すことにします。）

普通、みなさんが「一定のまとまり」があるリンゴをイメージするとしたら、1個のリンゴをイメージしますよね。

「あのかごにはリンゴが1個あるよ」と言うのであれば、“There is an apple in the basket.”と言い、「リンゴがいくつかあるよ」と言うのであれば、“There are some apples in the basket.”と言うでしょう。これは、APPLEを**可算名詞**と捉え、単数ならan apple、複数ならapplesというカタチで用いているということです。

一方で、切ったり、すりおろしたりしたリンゴには「一定のまとまり」があるとは言えませんから、**不可算名詞**です。この場合は、単にappleと表現します。

PART 7

このように、APPLEは可算名詞として使うことも、不可算名詞として使うことも、可能なのです。APPLEに限らず、ほとんどの名詞は可算としても、不可算としても使うことできます。すでに述べたように、話し手が「その対象をどうみているか」によって、可算名詞で使うこともあれば、不可算名詞で使うこともあるのです。これは非常に重要なポイントです。では、ここでQ-Aをみてみましょう。

A 次の会話、ネイティブスピーカーが聞くと違和感があります。どんな違和感があるのでしょうか？

A：What is in this salad? It tastes so good.
B：Oh, actually, I added some apples to it.
A：このサラダ何が入ってるの？ すごくおいしいよ。
B：あぁ、実はね、りんごを少し入れてあるんだよ。

もうわかりましたよね。Bの発言にある、"I added some apples to it." は、次のイラストのようなサラダを作ったかのように響きます。

「一定のまとまりがあるリンゴ」が
複数入ったサラダ

applesと、末尾にsをつけているということは、APPLEを可算、つまり「一定のまとまり」がある状態として、話し手が捉えているということですから、Q-Aの答えは、「**サラダに丸ごとのリンゴをごろごろと入れるのはおかしいという違和感**」です。

続いてQ-Bも、ここで解説します。

B 「テーブルの上にタマネギがあるのをみて、彼は驚きました」という意味の文として、次の❶、❷の文の正誤を答えてください。

❶ He was surprised to see onion on the table.
❷ He was surprised to see onions on the table.

❶の文をみてください。ONION（タマネギ）が無冠詞の "onion" というように使われていますね。これは話し手が、「一定のまとまり」がないカタチでタマネギをみているということです。

たとえば、切り刻まれたタマネギが、テーブルの上に散乱しているような状況をみて驚いたのだとしたら、❶の文を用います。

一方、❷の文ではどうでしょう。ONION が "onions" と複数形で用いられていますから、こちらは可算のタマネギです。タマネギが、丸ごとの状態でごろごろテーブルに転がっているのをみて驚いたのだとすれば、❷の文が使われます。

PART 7

２つの文とも "正しい" 文だが、表している状況・使う状況はこんなにも異なる

したがって、Q B の答えは、「**どちらも正しい**」です。文法的にはどちらも正しい文であり、状況次第では、どちらも意味の通る文です。ここでは、単語の末尾に〜s がついているかないかで、話し手が心に描いている状況はこんなにも違ってくるということを、おさえてください。

「一定のまとまり」の具体例

くり返しますが、話し手が対象を「一定のまとまり」でみている場合は、その対象を可算名詞として扱います。しかし、「一定のまとまり」で対象をみるということはどういうことなのか、もう少し具体例を挙げながら、解説してみます。

まずは、GLASS（コップ）の例で考えてみましょう。“I found a glass on the floor this morning.” と言えば、これは（コップとしての）グラスを床の上にみつけたという意味になります。グラスには「一定のまとまり」がありますから、可算で使っているわけですね。

一方、“I found glass on the floor this morning.” と言えば、これは物質としての「割れてバラバラになった」ガラスをみつけたというような意味になります。「一定のまとまり」がない不可算の状態です。

では、次のイラストのように、微妙に欠けてしまったワイングラスが床にあった場合はどう表現すればいいのでしょうか？

この場合、多少は欠けていても、グラスだとわかるような状態であれば、a glass を選択することになるでしょう。割れ具合によるということです。もはや原形をとどめておらず、飲み物を入れるという本来の機能を保てないほど割れていれば、glass が選択されます。

それでは、次の文が表すのはどんな状況でしょうか。

I found glasses on the floor this morning.

これはもう、おわかりのように、グラス（コップ）を2つ以上見つけたときに使うことができる文です。しかし、glasses と言った場合、おそらくネイティブスピーカーの頭に浮かぶのは、まず「メガネ」のほうでしょう。「メガネを床で見つけた」のような意味ですね。

複数のコップ、メガネどちらも **glasses**

次に、ROOM（空間）の場合を見てみましょう。

Is there a room for me?

この文は、「私のための部屋が1つありますか？」という疑問文になります。もちろん "Are there rooms for us?" と言えば、「私たちのために部屋が（複数）ありますか？」という意味です。「部屋」というのは空間を「一定のまとまり」で仕切ったものですから、可算なわけです。

仕切られた "空間" とは多くの場合 "部屋" のことだが
ただ単に空間であれば **room**

一方、次の場合はどうでしょう。

Is there room for me?

これは漠然と「空間」と言っているわけなので、「私のための空間（スペース）がありますか？」のような意味になります。たとえば、友だちが車で迎えに来てくれたとき、すでに誰かが乗っていたとします。このとき、"Is there room for me?"（私が座れるスペースは、ありますか？）のように使えるわけですね。

次に、NEWSPAPER（新聞）の例です。「新聞を使って火を起こした」という意味の文を考えてみましょう。

She used newspaper to start fire.

この文からは、破った新聞をくしゃくしゃとして、たき火の火種（ひだね）として使ったような状況を思い浮かべることができます。この場合の「紙」に「一定のまとまり」がないのは明らかですね。

基本的にPAPERは、不可算名詞のカタチのpaperで使われることが多い名詞です。これは、「紙」という物質そのものに「一定のまとまり」がないからです。可算名詞のカタチのa paperの場合は、「紙」に何らかの「一定のまとまり」があるとき、すなわち「論文」や「書類一式」のことをさします。

ですから、次のような文であれば、思い起こされる状況は違うものになります。

She used a newspaper to start a fire.

NEWSPAPERで「一定のまとまり」があるものとは、「朝刊」や「夕刊」といったものだと考えられます。ネイティブスピーカーに、この文についてたずねると、今朝の「朝刊一式」を使ってパタパタと風を起こして火を起こしているような状況が想像できるようです。

a があるかないかで大きく状況が異なる

いかがでしたでしょうか？ a / an がついているかいないかだけで、こうも違いがあることに驚きませんか？

“We need light!” と言えば、漠然と「明かりが必要だ！」ということになりますが、“We need a light!” と言えば、「懐中電灯が必要だ！」という意味になります。

対象をどう捉えるかにより、同じ名詞でも可算名詞として使うこともあれば、不可算名詞として使うこともあるとわかりましたね。「可算名詞」と断定されがちな EGG（卵）であっても、“You've got egg on your chin.”（あごに卵がついているよ）のように不可算で用いることはよくあります。この場合に “You've got an egg on your chin.”（あごに卵がまるまる1個くっついているよ）などと言えば、おかしな文になってしまいますね。

これとは反対の例もあります。「不可算名詞」と断定されがちな「**液体**」であっても、“Can I have a beer?”（ビールを1杯ください！）のように、可算名詞として使います。もちろん、“What would you like to drink?”（飲み物は何にする？）のように聞かれたうえで答えるのであれば、“Can I have beer?”（ビールをもらえますか？）が自然でしょう。この場合は、「1杯」という「一定のまとまり」を意識しているわけではなく、飲み物の「種類」を言っているだけですから。

これからは、新しい見方で名詞の可算・不可算を考えてみてください。

定と不定を攻略する

あなたもわかるでしょ

1では、「可算か不可算か」によって、a / an をつけるか、つけないかをお話しました。2は、もう1つの大切な観点である「**定**と**不定**」という考え方についてです。名詞に the をつけるか否かで、迷ったことはありませんか？「この名詞には the がつく」と暗記したのに、忘れてしまった……なんて経験はありませんか？

the は「**定冠詞**」と呼ばれます。一方で、a / an は「**不定冠詞**」です。この「定、不定」とは、一体何のことなのでしょうか？　まずは、従来の学習からみていきましょう。

TRADITIONAL WAY

1 特定できる名詞には the をつける。
2 the は「その」という意味。
3 最初に出てきた名詞には a / an がつき、2回目以降は the がつく。

おそらく、このような「ルール」で覚えた人が多いのではないでしょうか。それでは、恒例のクイズです。次の2つに挑戦してみてください。

A 空欄に適する語は選択肢のうちのどれでしょうか？

While Jane was cleaning the toilet, her smartphone fell out of her pocket into [　　　　].
（ジェーンがトイレを掃除しているとき、彼女のスマートフォンがポケットから水に落ちてしまった。）

➡ 答え p.227

❶ water
❷ a water
❸ the water

B 偶然会った友人から、次のように聞かれたとき、その答えとして、❶、❷のどちらがふさわしいでしょうか？

➡ 答え p.228

Hi, do you have the time?

❶ Sorry, but I don't have my watch now.
（ごめん、今、時計持ってないんだ。）

❷ Sorry, I'm going out with my mom today.
（ごめん、今日はお母さんと出かけるんだ。）

難しかったですか？ 難しいと感じた人は、残念ながら、the の本当の使い方をまだ理解できていないのでしょう。この2を読むことで、the を使うのがどんなときなのか、心から理解できると思います。

従来の学習を疑ってみる

TRADITIONAL WAY の1「特定できる名詞には the をつける」を考えてみましょう。「私、猫と犬を飼っているんだ」と友だちに言うときは、"I have a cat and a dog." と言います。自分で飼っているわけですから、当然、特定できる猫と犬のはずですね。ではなぜ、the cat and the dog ではないのでしょうか。

TRADITIONAL WAY の2「the は「**その**」と訳す」はどうでしょうか。「そんなの常識だよ」ですか？ ところが、"The earth goes around the sun." を「その地球はその太陽の周りを回っている」と訳す人はいないでしょう。"Call the police!"（警察呼んで！）も同様ですね。「その警察呼んで！」とは訳さないはずです。

TRADITIONAL WAY の3「最初に出てきた名詞には a / an、それ以降は the がつく」も、必ずしもそうとは限りません。母親が、何の脈略もなくジャムのビンを子どもに手渡したとしましょう。そのとき、"Can you put this in the fridge?"（冷蔵庫に入れてくれる？）と言ったとしても、自然に響きます。a fridge がなくても、the fridge を使うことができますね。

このように、従来の学習だけでは、the を使いこなすことは難しいようです。

誰が特定するのか

"I have a cat and a dog."（私、猫と犬を飼っているんだ）の例を、もう１度みてみましょう。ここで注目してもらいたいのが、「**自分は特定できるのに the をつけていない**」という点です。

実は、TRADITIONAL WAY 1の「特定できる名詞には the をつける」という表現では、不十分なのです。その理由は、「**誰が特定するのか**」、そして、「**どうやって特定するのか**」という２点が記述されていないからです。

では、「誰が特定するのか」についてお答えしましょう。英語でtheを使うのは、「『**聞き手も特定できる**』と話し手が考えたとき」です。

EARTHが、なぜthe earthというカタチで用いられることが多いかといえば、ふつうEARTHと言えば、「(私たちが今、立っている) この地球のことだ」と聞き手もわかると考えるからです。もうわかりましたね? 聞き手が特定できるかがポイントなのです。

theのCOREは「**あなた（聞き手）も特定できると思う**」です。

PART 7

ちなみに、「聞き手も特定できる」という状態を専門用語で「**定**」といいます。theが「定冠詞」と呼ばれるのはそのためです。

theには、「**あなたもわかるでしょ**」という意味合いが込められています。MOONは「衛星」という意味ですが、ふつうの会話においてMOONというときに、まさか木星の周りを回っている衛星のことだとは思いませんよね。地球の周りを回っている唯一の衛星である「月」のことをさしているのは明白です。この「あなたもわかるでしょ」というのが、the moonに表れているのです。

「世界を旅して回りたいなぁ」と言うのであれば、"I want to travel around the world."と表現します。ここでは、the worldでなくてはなりませんね。「(僕らが今、生きている) この世界」をさすのですから。もしこれが、聞き手が、どのWORLD（世界）なのか特定できない場合はどうでしょう? そのとき、theは使えません。

たとえば、医者が「がんのない世界を作りたいんだ」と言うなら、“I want to create a world without cancer.” のように、a world と表現します。

話し手の頭の中にだけあるもの

どうやって特定するのか

続いて、聞き手が「どうやって特定するのか」です。これについては、❶**話し手が指をさした** ❷**文脈に一度出てきた** ❸**常識的に**の 3 点で考えましょう。

まず、❶「**話し手が指をさした**」ですが、これは説明するまでもないかもしれませんね。通りの向こうに停めてある車を指さし、“Look at the car over there!”（あそこの車を見て！）と言うことができます。指をさしたことで、たくさんの車の中で、話し手がどの車のことを言っているのか、聞き手もわかりますよね。まさに、the の CORE である「**あなた（聞き手）も特定できると思う**」ですね。

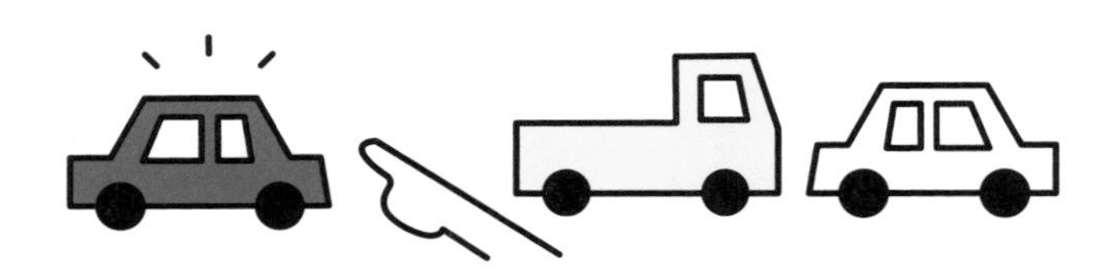

次に、❷「**文脈に一度出てきた**」ですが、これは、さきほどの猫と犬の例をもう1度使って考えてみましょう。

I have a cat and a dog. The cat is very cute and the dog is very cool!
(私ね、猫と犬を飼ってるんだ。猫ちゃんはとっても可愛くって、わんちゃんはとってもかっこいいんだよ。)

はじめに、a cat と a dog が使われていますが、これは、話し手からすれば、どの猫と犬なのか特定できますが、**聞き手には特定できないと考えられる**ので、「不定」の a を使っているのですね。ところが、すぐあとにその猫と犬について可愛いとか、かっこいいと述べるときは、文脈上、**明らかに、すでに話題にあがった猫と犬のことだと聞き手にもわかります**。そこで、"The cat is very cute and the dog is very cool!" というように、CAT と DOG が「定」のカタチになっています。

PART 7

最後に、❸「**常識的に**」です。the が使われるほとんどのケースは、この「常識的にあなたもわかるでしょ」の場合に分類できます。たとえば、さきほどの WORLD や MOON の場合も「常識的にあなたもわかるでしょ」ですね。

では、次の例で、なぜ the driver が用いられているかを考えてみましょう。

There was an accident here yesterday. A car hit the tree and the driver was injured.
（昨日、ここで事故があったんです。車が1台木にぶつかってしまって、ドライバーは怪我をしてしまいました。）

このDRIVER（運転手）は、文にはじめて出てきたのにもかかわらず、the driverという「定」のカタチです。理由はなぜだかわかりますね。それは、話の流れから考えれば、その「運転手」というのが、事故で木にぶつかった車の運転手であることが、聞き手もわかるだろうと推測されるからです。このように、文脈に1度出てきていなくても、指をささなくても、theを使うことはよくあります。

勘のいい人は気づいたかもしれませんが、さきほど例に挙げた"Can you put this in the fridge?"（冷蔵庫に入れてくれる？）という母親のセリフも③「常識的に」のケースです。ジャムのビンを冷蔵庫に入れてと言うとき、まさか聞き手である子どもが隣の家の冷蔵庫を想定するとは思わないでしょう。ふつう、自分の家にある冷蔵庫だとわかります。ところで、あえて、"Can you put it in a fridge?"と言ったとすれば、どういう状況を表すと思いますか？ なかなかない状況だとは思いますが、たとえば、その家は大きくて、3つの冷蔵庫があり、母親が、ジャムを入れておく冷蔵庫は、そのうちのどれでも良いと思っているような状況です。この場合は、「あなたもわかるあの冷蔵庫」というメッセージを込められないわけですから、a fridgeという「不定」のカタチが用いられます。

では、ここでQ A について考えてみましょう。ここまで読んだ人には、もう答えがわかると思います。

A 空欄に適する語は選択肢のうちのどれでしょうか？

While Jane was cleaning the toilet, her smartphone fell out of her pocket into ＿＿＿.
（ジェーンがトイレを掃除しているとき、彼女のスマートフォンがポケットから水に落ちてしまった。）

❶ water　❷ a water　❸ the water

Q A の答えは、❸です。この状況でWATERは「定」ですね。ふつうに考えれば、聞き手もこの場合は「トイレの水」のことだとわかると（話し手は）思うでしょう。よって、**the water** を使うのが正しいということになります。

PART 7

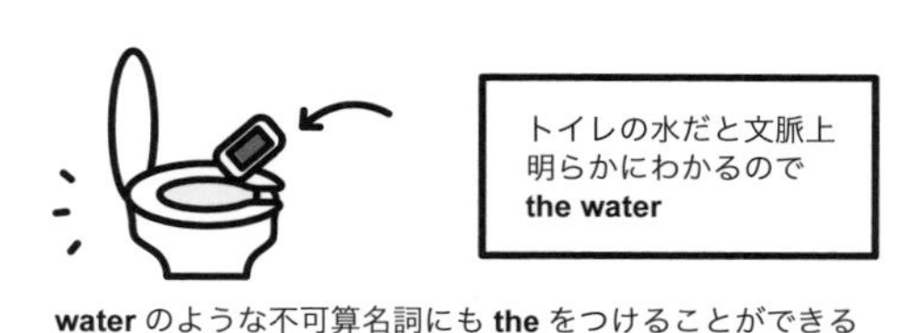

water のような不可算名詞にも **the** をつけることができる

それではQ B はどうでしょうか。

B 偶然会った友人から、次のように聞かれたとき、その答えとして、❶、❷のどちらがふさわしいでしょうか？

Hi, do you have the time?

❶ Sorry, but I don't have my watch now.
（ごめん、今、時計持ってないんだ。）

❷ Sorry, I'm going out with my mom today.
（ごめん、今日はお母さんと出かけるんだ。）

これは意外かもしれませんが、Q B の答えは、❶です。もし、"Do you have time?" と聞かれたのであれば、単に「時間ある？」と聞かれたことになります。よって、❷で会話が成立します。ところが、クイズでは "Do you have the time?" と聞かれていますね。話し手と聞き手がどちらも常識的に特定できるTIMEとは何のことでしょうか？ ——そう、「現在時刻」です。この質問は「現在時刻を持っていますか？」、すなわち「何時かわかりますか？」を意味するのです。よって、"**Sorry、but I don't have my watch now.**" と答えるのが自然です。

話し手にも聞き手にも共通する "**the**" **time** とは "現在時刻" のこと

\ NEW /
APPROACH

the

あなた（聞き手）も特定できると思う

❶ the の CORE である「**あなた（聞き手）も特定できると思う**」を意識する。

❷「聞き手が特定できる」は、話し手が**指をさした**、**文脈に一度出てきた**、**常識的に**、の3点から考える。

冠詞をどう選択するか

異なる2つの選択基準

さて、「可算と不可算」、「定と不定」という冠詞を理解するうえで重要な概念は説明してきました。ここで、明確にしておかなくてはいけないことがあります。それは、**不可算名詞**（たとえば water）**にも the をつけることができる**ということです。2の Q A では、the water が答えになりました。これに違和感を覚えた人も少なからずいたのではないでしょうか。

これは、従来の学習において、a / an か the かという2択で考えることが多いため、a がつかない不可算名詞には the をつけられないという勘違いをしている人が多いのです。「water に the をつけていいの？」という違和感。その違和感を解消するのが、このセクションです。

そもそも、「**可算・不可算の選択**」と、「**定・不定の選択**」はまったく別のものです。不可算名詞だって定になる（the をつける）ことがあるし、不定になる（the をつけない）こともあるのです。「可算・不可算の選択」は、1で説明したように、話し手が対象に「**一定のまとまり**」があると思うかどうか、という「話し手の対象の見方」によっている問題でした。別の言い方をすれば、「**話し手の心の中だけで完結する**」ということです。

一方で、「定・不定の選択」は、話し手が聞き手を考慮に入れて行わなければならないものであり、これは「コミュニケーション上」の問題です。これをふまえて、冠詞が決定される基準を図解すれば、次のようになるでしょう。

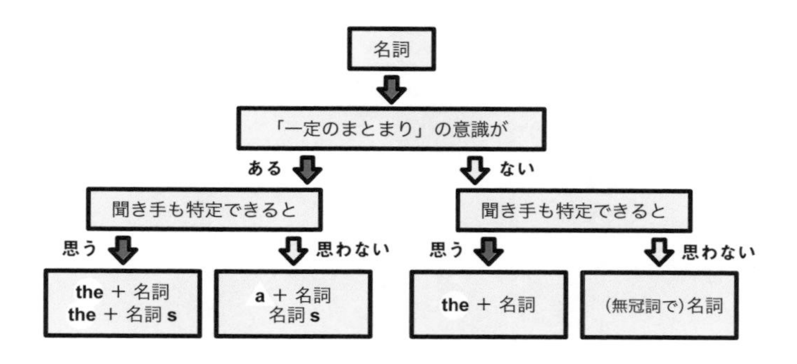

「a か the か」という単純な二元論ではなく、「a をつけるかつけないか」という可算・不可算の問題と、「the をつけるかつけないか」という定・不定の問題の、異なる２つの選択基準によって、使う冠詞が決定されるということです。次の図も参照してみましょう。

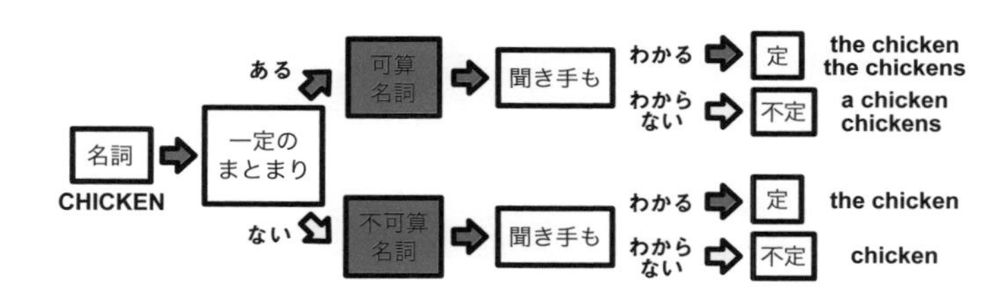

これからは、**可算・不可算の問題と定・不定の問題を別に考えて冠詞を選択**するようにしましょう。

PART 7

冠詞の違いを検証する

では、冠詞の総まとめとして、PART 7 の冒頭で、出した「質問」に答えてみましょう。

❶ I ate chicken.
❷ I ate a chicken.
❸ I ate chickens.
❹ I ate the chicken.
❺ I ate the chickens.

この５つの文の違い、ここまで読んだ今ならわかりますか？ まだよくわからないという人は、一緒に考えていきましょう。

❶は、chicken というカタチを使っているので、「一定のまとまり」のない不可算名詞の「とり肉」です。“What did you eat yesterday?”（昨日何食べたの？）と聞かれて、❶“I ate chicken.”（とり肉を食べました）のように答えるのは自然ですね。

ところが、“What did you eat yesterday?”（昨日、何食べたの？）と聞かれたときに、❷や❸の文で答えてしまうと、聞いた側はとまどうことになります。a chicken や chickens は、a や〜s がついていることから、CHICKEN を可算名詞として扱っていることになりますが、「一定のまとまり」がある CHICKEN というのは、基本的には、「ニワトリ」のことです。つまり、❷であれば“I ate a chicken.”（私はニワトリを１羽食べた）、❸であれば、“I ate chickens.”（私はニワトリを２羽以上食べた）ということになり、とても不自然に響くわけです。

ここまで説明すると、「フライドチキンを４つ食べたときはどう表現するの？」というような疑問を抱く人がいるかもしれません。❶〜❸のなかから選ばなければならないとすれば、❶の“I ate chicken.”がふさわしいですが、あえて「４つ」と言いたいのであれば、“I ate

4 chicken strips." や "I ate 4 chicken wings." のように表現します。

では、❹の "I ate the chicken." はどうでしょうか。この文を考えるうえで大切なことは、この文は２つの意味になりうるということです。つまり、可算名詞の a chicken を「定」で用いている場合と、不可算名詞の chicken を「定」で用いている場合の、どちらも the chicken となるのです。

しかし、a chicken（ニワトリ１羽）を食べたと言うのはあまりにも不自然ですから、❹の文は the chicken（とり肉）の意味であることにしましょう。

たとえば、フライドチキンを家族で食べたあと、少し残ったので、次の日にまた食べようと、楽しみにとっておきました。ところが朝起きてみると、そのフライドチキンはありません。「誰が食べちゃったの？」と聞くと、お父さんが申し訳なさそうに、"Sorry, I ate the chicken." と言います。この場合はどの chicken のことをさしているか、話し手も聞き手もわかっていますから、the をつけるわけですね。

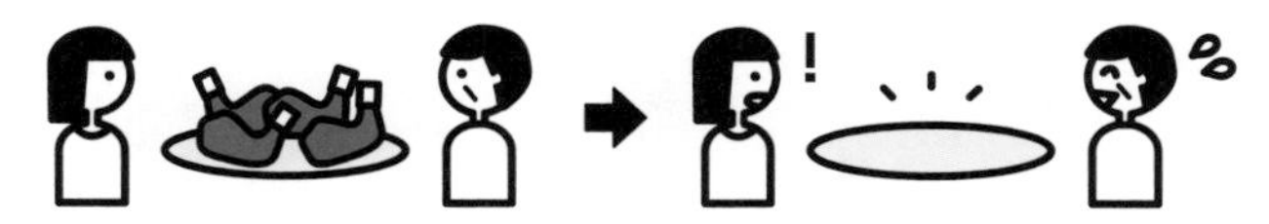

話し手も聞き手も、どのとり肉かわかっているので
the chicken になる

では、最後に❺の "I ate the chickens." はどうでしょうか。これは chickens としている時点で、「複数羽のニワトリ」ですから、この文も日常生活で使う機会はまずないでしょう。無理やり状況を設定するならこんな感じです。

あるところに、ニワトリたちがコッコッと走り回って、にぎやかな教室がありました。ところが、ある日、子どもたちが来ると、教室はやけに静かでした。昨日までいたニワトリたちがいません。そこへ、先生が来て、言いました。"Hehehe, don't you think it's quiet today? Now you can concentrate on studying. I ate the chickens."（えへへ、今日は静かだと思わない？ これでみんなも勉強に集中できるわね。私、あのニワトリたちを食べちゃったわ)。……このような状況は現実ではあり得ませんがね（笑）。

a や～s があるかないか、the があるかないかで、こんなにも意味が違うのが伝わったでしょうか？ 冠詞は話し手が対象である名詞をどう捉えて、どう聞き手に伝えようとしているかを示す指標なのですね。

a と the の応用―another と the other

PART 7 の締めくくりとして、**another** と **the other** の使い分けについてみていきましょう。この使い分けは多くの人がつまずくポイントですね。これらに加えて、**others** があったり **the others** があったりもしますから、何がなんだか、ますます意味がわからなくなるわけです。

本題の前に、英語における「**2の世界**」と「**3以上の世界**」についての説明から入りましょう。しばしば、**英語は単数と複数を区別する点で日本語とは異なる**、と言われます。たしかにそうですね。日本語では、カバンが1つあっても、2つであっても「カバン」です。英語はといえば、a bag と bags のように区別します。これは、英語が「**1の世界**」と「**2以上の世界**」を区別しているということです。このことについては、多くの人が心得ているのではないでしょうか。

ところが、**英語は「2の世界」と「3以上の世界」の区別もしている言語**だということは、しばしば、見落とされてしまいます。次の図を見てください。

たとえば、2つのスカーフがあって、それを相手にあげるとします。"I have two scarves here, and you can have both." と言えば、「僕はここに2つのスカーフを持っているんだ。どちらも君にあげるよ」という意味です。一方、もし "I have two scarves here, and you can have either." と言えば、「どちらかを君にあげるよ」という意味になります。これはどちらも、スカーフが2つあるという前提にもとづいた発言です。注目すべきは、"I have two scarves here, and you can have all." とは言わないことです。**all** は**「2の世界」の住人ではない**のです。

一方、スカーフが3つあるのなら、all を使うことができます。「**3以上の世界**」では「すべて」が all で、「どれか・どれでも」が **any** です。

I have three scarves here, and you can have all of them.
（僕はここに3つのスカーフを持っているんだ。君に全部あげるよ。）

Who should be the leader of this band? — Anyone is OK.
（誰がこのバンドのリーダーがいいかな？—だれでもいいよ。）➡このバンドは3人以上

Jenny has two sisters. I know both of them.
（ジェニーはお姉さんが2人いてね、僕は2人とも知ってるんだ。）

PART 7

Jenny has four sisters. I know all of them.
（ジェニーはお姉さんが４人いてね、僕は全員知ってるんだ。）

Either you or I should be the representative of this class.
（君か僕のどちらかがこのクラスの代表になるべきだと思うよ。）

ついでに、either の否定版、**neither** を紹介します。
neither は **not ＋ either** だと考えましょう。これは「この２つのどちらかではない」ということなので、「どちらも〜でない」という **２つとも打ち消す否定**の表現を作ります。

This time I invited two friends of mine. But neither has come yet.
（今回は友だちを２人招待したんだ。でもまだ２人とも来てないね。）

では、３つ以上の場合はどうなるでしょう。「2 の世界」では、両者とも否定したい場合に「どちらか」の意味である either を否定し、neither を使いました。「3 以上の世界」でもまったく同じです。「どれか」の意味である any を否定して not ＋ any の表現を作れば、全部を否定した表現ができます。

Jenny has three sisters. But I don't like any of them.
（ジェニーはお姉さんが３人いるんだ。でも僕はみんな好きじゃないね。）

それでは、**not ＋ both** や **not ＋ all** という表現を使ったらどういう意味になるのでしょうか。一見すると、これは「**全否定**」の表現かとも思えてしまいますが、これらは**部分的に否定**する表現を作ります。「どちらも〜というわけではない」「すべてが〜というわけではない」といった感じです。

My teacher gave me two books, but I didn't need both of them.
（先生は僕に２冊本をくれたけど、両方ともが必要なわけではなかった。）

Not all children like curry.
（すべての子どもがカレーを好きなわけではない。）

英語では「2の世界」と「3以上の世界」を区別していることが理解できたでしょうか。

the other と another

それでは、other の話に移りましょう。

まずは「**2の世界**」でのことを話します。one というコトバを名詞で使うときは、the other、another、the others などとセットで使うことがよくあります。one は**同じ種類のものをいくつか想定して、「その中の１つ」を表すはたらき**があります。想定されたのが２つの場合は、one と the other のペアが使われます。

PART 7

I have two hamburgers: one is a cheeseburger, and the other is a fish burger.
（2つハンバーガーを持っています。１つはチーズバーガーで、もう１つはフィッシュバーガーです。）

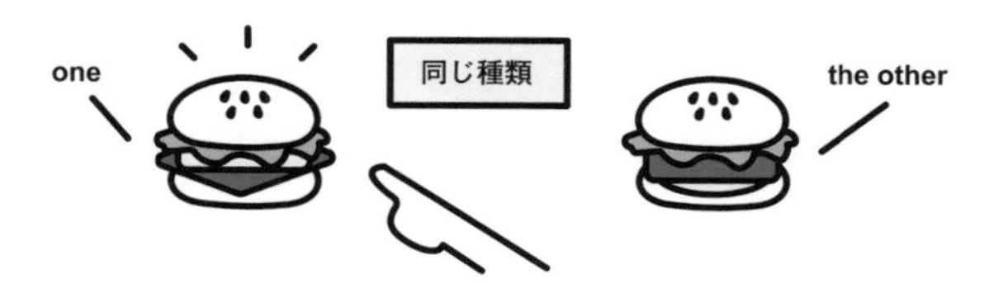

ここでは「ハンバーガー」という**同じ種類のものを２つ想定している**という前提があります。「その中の１つ」ということで、はじめにさすものについては one が使えますから、"one is a cheeseburger" です。

さて、次が重要です。**もともと想定されていたのが2つ**なので、1つをさしてしまえば、**残りの1つは「定」**になります。そこで、otherに**定冠詞**の the をつけて the other を使うわけです。よって、"… and the other is a fish burger." です。

ある店でショッピングをしていたとします。ジャケットを探していて、サイズと素材で絞り込んだところ、候補は2つありました。1つを見せてもらいましたが、その色は好みではありませんでした。そこで、「もう1つのを見せてもらえますか?」とたずねるときに使うのが the other です。"Can I see the other one?" となります。

次に「**3以上の世界**」の話をします。友だちとお店でハンバーガーを食べている状況を想像してください。

I've already had one hamburger, but I want another (hamburger).
(すでにハンバーガーを1個食べたんだけど、もう1つほしいなぁ。)

この状況では、さきほどの例と違って、ハンバーガーの個数が2つであるという想定ではありません。もちろんお店には3つ以上のハンバーガーがあるはずですから、「あなたもわかるでしょ」の the は使えませんね。そこで、other に定冠詞の the ではなく、不定冠詞の an をつけて an other とするわけです。この an other は、長い時間の経過のなかで次第にくっついて、another という一つの語になりました。しかし、イメージ上では、「another は an other だ」と理解するといいでしょう。the other との区別が明確になるからです。

「3以上の世界」を想定して「他のものを1つ」という意味合いになるのが、anotherなのです。では、次の例でさらに理解を深めてください。

同じく、ある店でショッピングをしていたとします。ジャケットを3着の候補の中から選んでいる状況で、1着を見てしっくりこなかったので、「他の（ジャケット）も見せてくれますか？」と頼むときは、"Can I see another one?" です。そして、店員から次にすすめられた2着目のジャケットを見ても、やはりあなたは気に入りませんでした。

さて、この最後の1着を見せてほしいときに使うのは何でしょう？ もうわかりましたよね。最後の1着だとわかっていれば、「**あなた（聞き手）も特定できると思う**」のtheがふさわしいので、"Can I see the other one?" ですよね。

いかがでしたでしょうか？ the otherとanotherの違いも、「2の世界」と「3以上の世界」を意識すれば、**「定と不定」の応用**ですんなり理解ができますね。

残りすべてを表す the others

それでは最後にもう１つ。３つ以上あるなかで､２つ以上の「いくつか」をさす場合は **some** で表します。そうしたら､「残り」は何になるかと言えば、**the others** です。

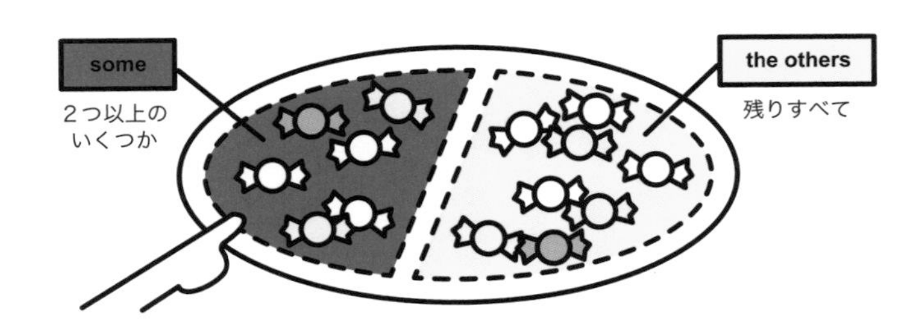

「**残り**」というのがポイントです。残っているのは複数であり､なおかつ「定」です。「残りすべて」なので「**あなた（聞き手）も特定できると思う**」の the が必要ですね。次の文は、アメがいっぱいあるなかで、取り分を決めているような状況です。

I'll take some first, and you take the others.
（はじめに僕がいくつかもらうから、君は残りをすべて持っていきなよ。）

このように「残りすべて」を表すときに使われるのが the others なのです。

いかがでしたか？ another、the other、the others の使い分けが明確になったでしょうか。「2 の世界と 3 以上の世界」という意識をもって見るだけで、今までぼんやりと覚えてきた語が整理できたのではないでしょうか。

PART 7 の冠詞もこれで終わりです。冠詞が違うだけで、ずいぶん伝わり方が異なることがわかりましたね。自信をもって、冠詞を使いこなしてください。

PART 8

コアの応用力

この本を通して、「表現」につながる文法力を養うための学習をしてきました。文法を「理解する」ためのカギとなるのが、コアです。PART8では、コアの応用力をたしかめていきましょう。

PART 8 SECTION 1

「基本語力」は表現力

コアを応用して表現する

これまでの7つのPARTをお読みになった読者の方には、英文法は、実は面白く、使えるものだときっとわかってもらえたと思います。やはり、英文法はまず「理解する」ことが大切です。「理解する」からこそ「使える」につながるわけです。

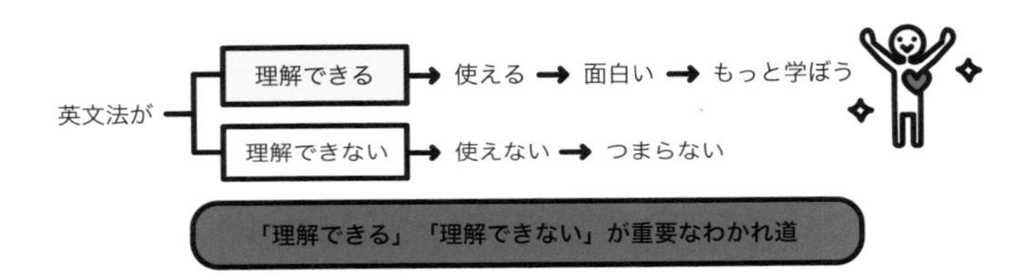

さて、この最後の PART 8 では、「**基本語**」から**語のもつコア**を学ぶことで表現力が身につくことを実感してもらいます。 PART 1 の冒頭で、ネイティブスピーカーの会話の8割を占めているのは、基本語であるということをすでに説明しました。こうした事実をふまえると、表現力とは、「基本語力」のことであると言っても過言ではありません。それでは、コアが表現に応用できること、「**コアの応用力**」を存分に体感しましょう。

基本語の break

break という単語は、中学校で、それも初期の段階で習う基礎中の基礎の1つといえるでしょう。ところが、このbreakの意味は広がりがありすぎて、使いこなせていない人がほとんどのようです。その証拠に、breakが長文や会話の中で出てきても、いまいち意味がとれない、という人がたくさんいます。たとえば、ある学生が、次の英文について質問に来たことがあります。

Daisuke Matsuzaka — his fastball is amazing. But he also has a lot of sharp breaking balls.

この文のbreakingの意味がよくわからないというのです。実際のところ、breaking ballで「変化球」という意味だ、とパッと教えてしまえば楽なのですが、それではbreakのCOREがずっとわからないままです。**なぜ変化球を表すのにbreakが使われているのか**、が表現につながる応用力に非常に大切なことです。「**break ＝壊す**」という一対一対応の理解では、breakを使いこなすことは困難だからです。

breakのコア

breakのCOREは「**モノ・流れをコワス**」です。

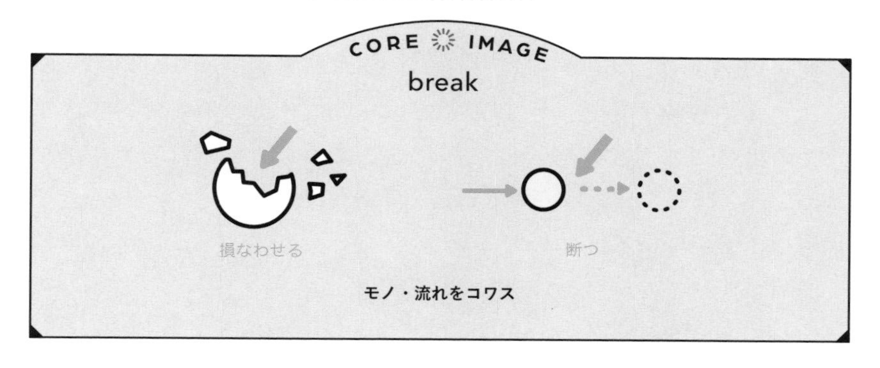

CORE IMAGEをみてください。矢印は何か力のようなものがはたらいていると考えてください。この力が加わることによって、「**モノ・流れをコワス**」のです。

“He broke the window yesterday.”（彼は昨日窓を割りました）は「モノを壊す」の例です。さて、ここで重要なのは、breakをした結果、**windowがもうwindowとしての機能を果たさなくなった**ということです。この文のbreakの意味は、ずっと続けてきたwindowとしての役割を「損なわせた」という感じです。breakを使いこなすためには、この「(今まで続いてきた) 流れをコワス」というところを、しっかりと理解しないといけません。それこそが、break の本質的な意味だからです。

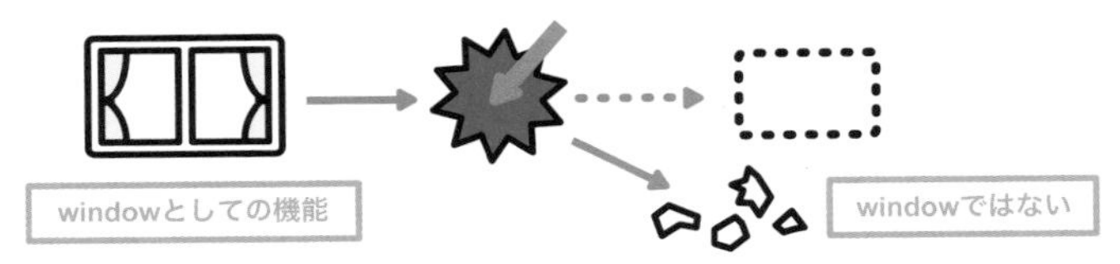

（それまで続いていた）流れが止まってしまったというのがポイント

「花びんを壊す」であれば break the vase であり、「コンピューターを壊す」であれば break the computer です。これらのような単純な例であれば、「break ＝壊す」のように一対一対応の理解をしても問題はないのですが、break の結果、それまでずっと役割を果たしてきた花びんやコンピューターの**流れが止まってしまった**というニュアンスを感じとれるか否かが、応用段階へ進めるかどうかの分水嶺（ぶんすいれい）になるのです。

ここまで理解すると、さきほどの breaking ball の例も、あっさりわかるはずです。変化球とは、それまでまっすぐと進んできたボールの軌道（流れ）が変わってぐいっと曲がるわけです。ですから、変化球は、breaking ball なのです。

Daisuke Matsuzaka — his fastball is amazing. But he also has a lot of sharp breaking balls.

（松坂大輔――彼のストレートは称賛に値する。しかし、彼はキレのある変化球も多く持っている。）

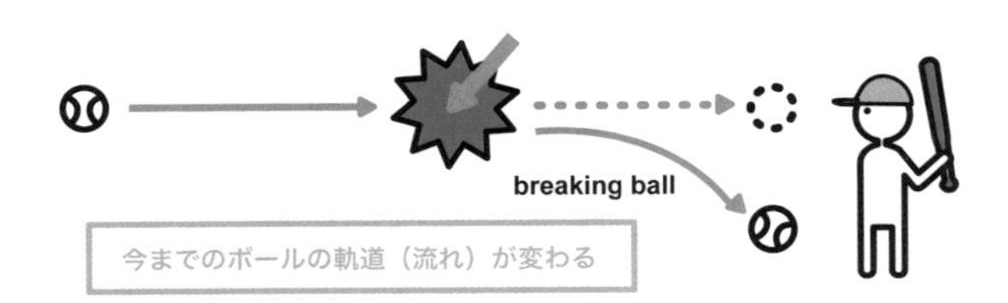

もう１つ例をみてみましょう。臨時ニュースのことをbreaking newsといいます。たとえば、番組の途中にキャスターがこんなふうに言います。

We interrupt this program to bring you breaking news.
（番組の途中ですが、ここで臨時ニュースをお伝えします。）

“We interrupt this program”ですから、「私たちはこの番組の邪魔をします」といった感じです。「何のために？」という目的は、to以下が教えてくれます。“to bring you breaking news”（臨時ニュースをあなたに届けるために）。breaking newsが臨時ニュースという意味合いになる理由がわかりましたね。それまで続いてきた番組の「**流れをコワス**」からです。

今までの番組の流れが変わる

break timeが「休憩時間」を意味するのは、みなさん知っていると思いますが、その理由まで考えたことがありましたか？ 今までしていたことの流れを一度コワして、「休憩をとる」からです。部活動の最中に、顧問の先生が“Let's have a break!”（よし、休もう！）と言うのも同じ理屈です。

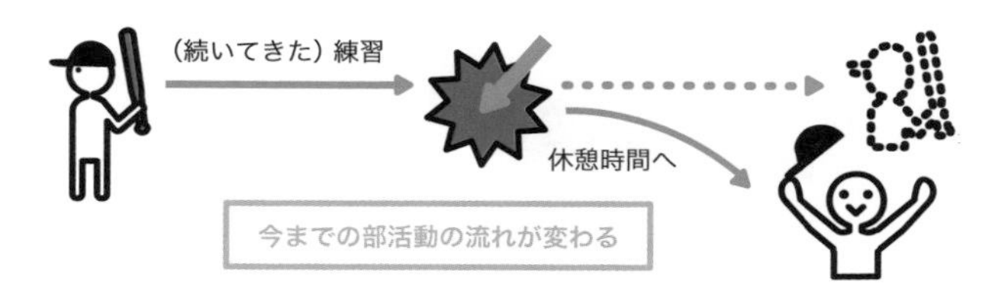

PART 8

おまけに、"Give me a break!" という表現もおさえてしまいましょう。このフレーズは、置かれている状況によって違う意味になります。仕事中にその流れをコワスときには「休みをください！」や「少しは休ませてくれよ！」となりますし、うんざりしたときなどは、「勘弁してくれよ！」という意味で使います。自分が置かれた状況の流れをコワシたいときに、よく使う表現なので覚えておきましょう。

抽象的なものを壊すときのbreak

「**流れをコワス**」というbreakのCOREが理解できると、**物理的なモノをコワす状況以外**で使われるbreakが理解できるようになります。インターネットで検索してみたところ、『*The Year My Voice Broke*』というタイトルの映画を見つけました。タイトルの意味はわかりますか？ my voice brokeの部分がポイントですね。「**流れをコワス**」ですから、「**私の声が今まで続いてきた流れをコワした**」ということです。もうわかりましたね？ タイトルは、「私が声変わりをした年」という意味です。「声変わり」って英語でどう表現するのだろう？ と考えてしまいますよね。でも実は、中学校で習ったbreakで表現できるのです。

では、**心理的**なモノを「**コワス**」ときにもbreakを使うことができるという例もみてみましょう。

I broke her heart and lost her.
（私は彼女の心を傷つけてしまい、彼女を失いました。）

このbreakの対象は、「**心**」というとても**抽象的な概念**ですが、これもbreakの守備範囲です。"He broke an egg."（彼は卵を割った）のような、対象物がモノである場合と何ら変わりはありません。

ここまでくると、break の CORE がたしかなものになってきたことと思います。最後に、break を使った例文をまとめてのせておきますので、break の CORE を感じながら、読んでみてください。

Usain Bolt broke the world record again.
（ウサイン・ボルトは、またしても世界記録を更新した。）

They easily broke the secret code.
（彼らは、あっさりと秘密の暗号を解いた。）

Can you break a ten pound bill?
（10ポンド札、くずせますか？）

They broke their journey to Kyoto at Nagoya.
（彼らは京都までの旅を一時、名古屋で中断した。）

She broke her career to study abroad.
（彼女は留学のために仕事をやめた。）

I can't believe it! She broke her promise!
（信じられない！ 彼女、約束を破ったわ！）

PART 8

基本語の drive

続いて、基本語の **drive** を取り上げます。drive もまた、中学校までは単純な一対一対応の理解でよかったけれど、高校になると、いまいち、わからなくなってしまう人が多い単語です。そうした人の多くが、「drive ＝車を運転する」と覚えてしまっているので、次のような文になると、太刀打ちできません。

The teacher tried to drive the bees out of the classroom.

加えて、ゴルフクラブセットのなかで、一番飛距離が出るクラブのことをなぜ「ドライバー」というのか、壁にネジを押し込む道具をなぜ「ドライバー（screwdriver）」というのか。このあたりの真相の解明にも、まずは drive の CORE に登場してもらう必要がありそうです。

drive のコア

drive の CORE は「**（もともと動きそうなものを）勢いよく動かす**」です。

CORE IMAGE をみてください。何かムチのようなものを持った人が対象を動かしています。対象は丸い形をしていて、**もともと動きそう**ですね。まずは、"He drives to his office every day."（彼は毎日オフィスまで車で行きます）とか、"Do you drive a car?"（車の運転はしますか？）のような、最もよく知られた drive の使い方から見てみましょう。

車は「**もともと動きそう**」ですよね。それを「**勢いよく動かす**」ので、drive です。一方で、もし、"They moved the car." と言えば、場合によっては、彼らが故障してしまった車を何とか動かした、という状況かもしれません。drive の場合と異なるのは、move を使った場合の car は「動きそうにない」ということです。

moveを使うと、**drive**のもつ「動きそうなものを勢いよく」が感じられない

ネジ回しのことをscrewdriverといいますが、やはり対象であるscrew（ネジ）は「動きそう」です。先はとがっているでしょうし、ぐるぐるとらせん状に溝（みぞ）が切ってあって、いかにも対象に入っていきそうです。それを実際に壁などへ、ぐりぐりと入れる道具だからscrewdriverなわけです。

また、「**勢いよく**」というのも大切なポイントです。車であればブーンと、ネジ回しであれば、ぐりぐりと、勢いが感じられますね。ゴルフでもやはり、一番勢いをもって飛ばすことができるクラブがdriverです。ここでも対象であるゴルフボールは「飛びそう」ですね。

この「**対象がもともと動きそう**」というポイントと「**勢いよく**」という2つのポイントさえしっかりおさえていれば、driveの理解はもうたやすいものです。

The teacher tried to drive the bee out of the classroom.
（先生は教室からハチを追い払おうとしました。）

先生が勢いよくハチを動かそう（追い払おう）とする

ハチは生き物ですから、もちろん、「もともと動きそう」な対象です。それをある種の勢いをもって追い払うわけですから、ここでは drive がぴったりです。

もう一度、drive の CORE IMAGE を思い出してみてください。人はムチのようなものを持っていて、丸い対象物を追い立てているような感じがしましたね。あれがまさにこの文にも活きているわけです。

“The rain drove me inside.” と言えば、「雨が私を（建物の）中へと追いやった」というニュアンスですから、「雨が降ってきたので、私は屋内に入った」という意味だとわかります。

雨が私を建物の中へと動かした（追いやった）

少し難易度は上がりますが、“Hatred drove them to take up weapons.” という文に挑戦してみましょう。hatred は「憎しみ」、weapon は「武器」です。drive の意味をふまえて解釈してみましょう。まずは、“Hatred drove them” ですから「憎しみは彼らを追い立てた」です。「どこへ？」について、to がその向かう先を教えてくれます。“to take up weapons”（武器をとるという行為へ）です。つまり、「憎しみは彼らを、武器をとるという行為へと駆り立てた」という意味ですね。

憎しみが彼らを武装蜂起へと動かした（駆り立てた）

また、追いやる先に「感情」がくることもあり得るということを知ると、drive を使った表現の幅がかなり広がります。

The test results drove her to despair.
（その試験の結果で、彼女は絶望へと追いやられた。）

試験結果が彼女を絶望の淵へと動かした（追いやった）

PART 8

喜怒哀楽というように、人の感情は「動きそう」なもの。ですから、drive の対象になるわけです。この文の場合は、テストの結果が彼女の感情を動かしたのです。どこへ動かしたかと言えば、to despair（絶望へと）というわけです。ほかにも、感情に関する例をみてみましょう。

The death of her husband drove her mad.
（夫の死は、彼女を狂気へと追いやった。）

His kisses always drive me wild.
（彼のキスはいつも私をメロメロにする。）

どうでしょうか？ break と drive の２つの基本語（基本動詞）を続けて取り上げました。コアを理解したことで、これまでにくらべ、表現の可能性がぐっと広がったと思えれば、しめたものです。

基本語の as

続いて取り上げるのは **as** です。ある程度の長さの英文を読むと、おそらく as がたくさん登場することでしょう。「as には意味がたくさんありすぎて覚えきれない」という苦悩の声を何度も聞きました。たしかに辞書で as の項を引いてみると、「〜するとき」「〜なので」「〜のように」「〜として」など、さまざまな意味があるようにみえます。ですが、(もう最終盤ともなるとこのパターンにも飽きてきたとは思いますが、) as にはたくさんの独立した意味があるわけではありません。では、as の CORE は何でしょうか？

as のコア

as の CORE は「**イコール**」です。

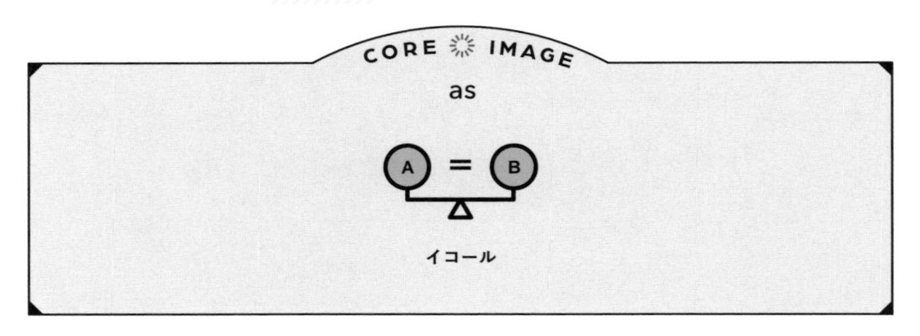

CORE IMAGE をみてください。天秤(てんびん)のように、何か2つのものを対等の関係に置いているような感覚です。as は「**イコール**」だと捉えてしまえば、どんな状況で使われる as も、すんなりと理解できるようになります。よって、積極的に as を使うこと、すなわち、「**応用する**」ことにつながります。

He came to the cosplay party as a monster.
(彼は怪獣の姿でコスプレパーティーに来ました。)

まずはこの例文からです。「怪獣とイコールで」と解釈してください。「怪獣とイコールで」コスプレパーティーに来たということは、その格好で来たという解釈ですね。このような**前置詞**の as は「**イコール**」であることさえわかっていればとても簡単です。ほかの例もみてみましょう。

❶ He lived as a saint.
(彼は、聖人として生きました。)

❷ This can be used as a knife, too.
(こいつは、ナイフとしても使えるな。)

❸ As a teacher, I always try to help students to achieve their dreams.
(教師として、私はいつも、生徒たちが自分の夢をかなえるのを助けようと努力しています。)

PART 8

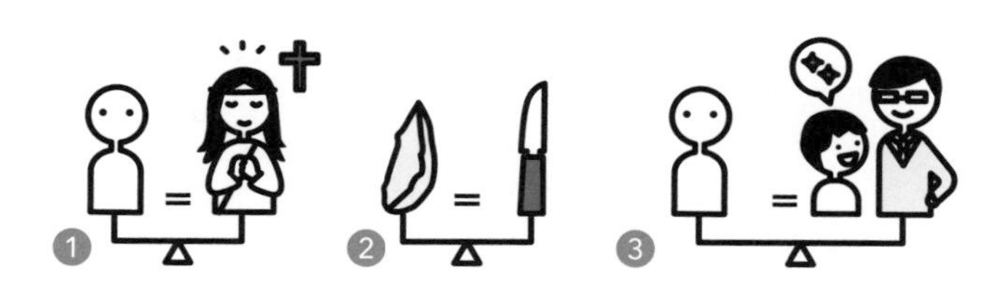

どうでしょうか？ ❶「聖人とイコール」❷「ナイフとイコール」❸「教師とイコール」のようにパッと読めたでしょうか。では、**接続詞**の as もみてみましょう。ここでは前置詞と接続詞との区別には、あまり神経質になる必要はありません。それよりも、as が「**イ**

コール」だということに意識を向けましょう。

I saw my mom as I was getting off the bus.
(バスを降りようとしたそのときに、お母さんを見かけた。)

これはいわゆる「**〜するとき**」の as ですね。しかし、これも「**時の as**」のように分類してしまうのではなく、「**イコール**」だと思ってみてください。バスを降りようとする「ちょうどそのとき」「同じタイミングで」といった感じです。この「**同時性**」のようなものが、as によって表されているのです。

「同時性」が強調される接続詞の**as**もイコールで考えればよい

I think the picnic should be canceled as it looks like rain.
(雨が降りそうだから、ピクニックは中止にするべきだと思う。)

これは「**〜なので**」の「**理由の as**」でしょうか？ そんな風に丸暗記する必要はありませんよ。「雨が降る＝中止にするべき」のような「**イコール**」の関係がまさに成り立っていますよね。バランスのとれた天秤(てんびん)のように、何か２つのものを**対等の関係**に置いているような感覚。これが「時の as」にも「理由の as」にも活きています。

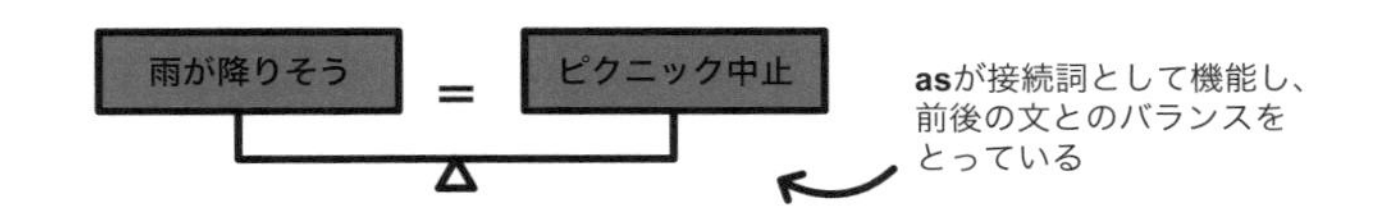

As I told you before, our boss is coming here today.
（前にお前に言ったように、今日は俺らの社長がここに来るぞ。）

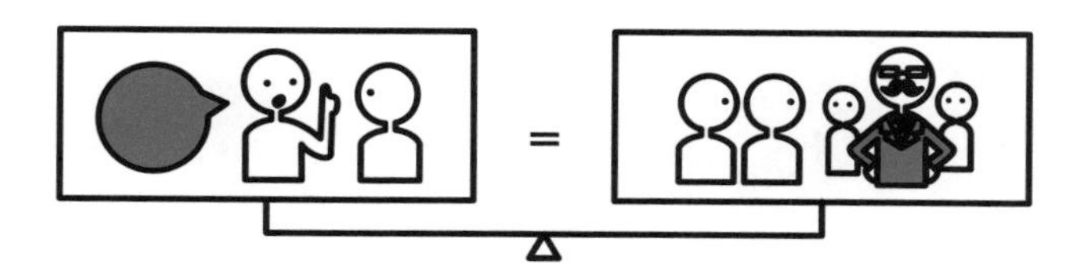

これは「**～のように**」の「**様態の as**」と一般に分類されてきた as です。ですが、これも「**イコール**」ですよね。「私があなたに以前言ったのと同じ（イコール）ですが」という意味で“As I told you before”と使っています。この“As I told you before”や“As I said before”は「前も言ったけどね～」のような意味で、会話で大活躍ですので、ぜひ覚えましょう。

The air grew colder as we went further up.
（登るにつれて空気は冷たくなった。）

登る = 冷たくなる

「登っていくこと」「冷たくなっていくこと」が等しく起こる

as にはこんな使い方もあります。「上に行く＝空気が冷たくなる」というような「**イコール**」の関係で「**～するにつれて**」を表します。

いかがでしょうか？ 2つのものを対等の関係に置くという「**イコール**」の感覚をしっかりと理解しましょう。そうすれば、もう今後は as に迷わされることはありません。最後にいくつか例文を挙げるので、CORE を意識しながら、声に出して読んでみてください。

You can use the glass bottle as a vase.
（そのガラスのビンは花びんとして使えます。）

I'm happy as I am.
（今のままで幸せです。）

He is as clever as his brother.
（彼は、彼のお兄さんとおなじくらい利口です。）

As the population increases, the people's ways of living change.
（人口が増えるにつれて、人々の生き方は変わっていきます。）

As I was late, I took a bus.
（遅れたのでバスに乗った。）

There are so many genres of music in the world, as you know.
（世界には本当に多くのジャンルの音楽がありますよ、君も知っての通り。）

全8パートからなる『コアで攻略する 英文法の教科書』は、これで終わりです。最後まで読んでくださり、本当にありがとうございました。

しかし、英語の学習に終わりはありません。謎にぶつかることもあるでしょう。でも、そんなときは…「**カタチが違えば意味も違う**」「**カタチが同じなら共通の意味がある**」。このコア学習の二大原則（➡ p.032）を思い出してくださいね。**英文法を使いこなす力は英語力の要（かなめ）**です。楽しく学び、身につけて、表現につなげてください。

CORE IMAGE

コアー覧

ここまで勉強してきた英文法のコアを一覧にまとめました。イラストからコアイメージを定着させていきましょう。

現在形

▶ p.046

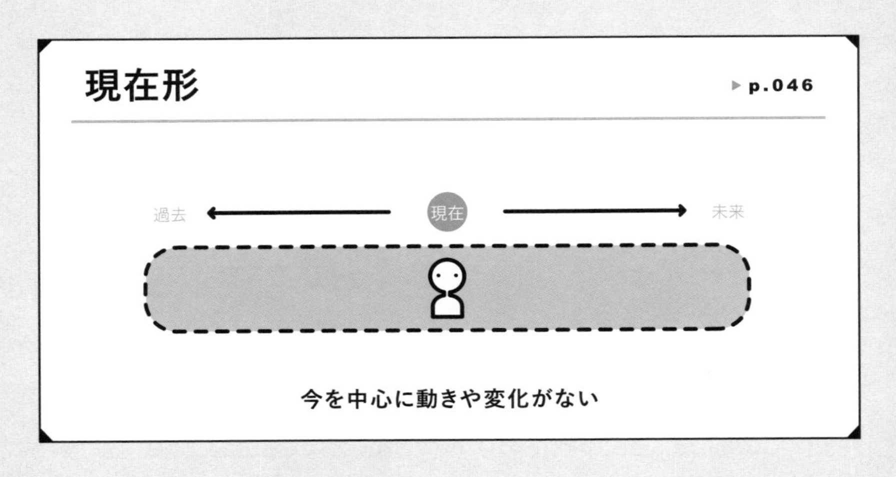

今を中心に動きや変化がない

現在進行形

▶ p.053

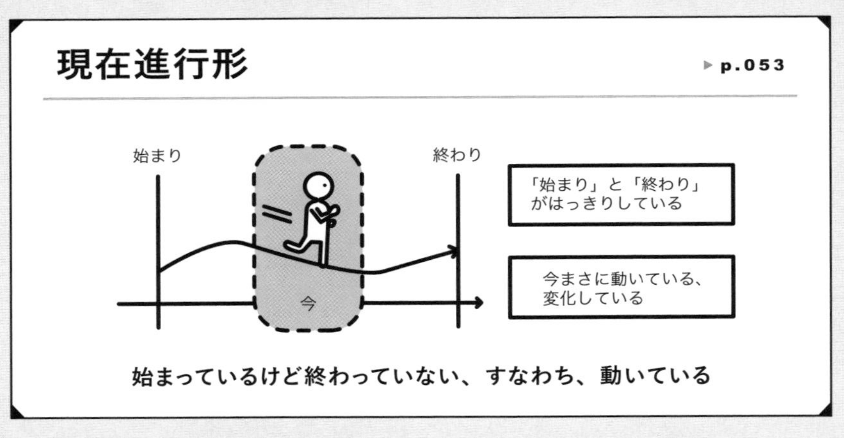

始まっているけど終わっていない、すなわち、動いている

現在完了形

▶ p.068

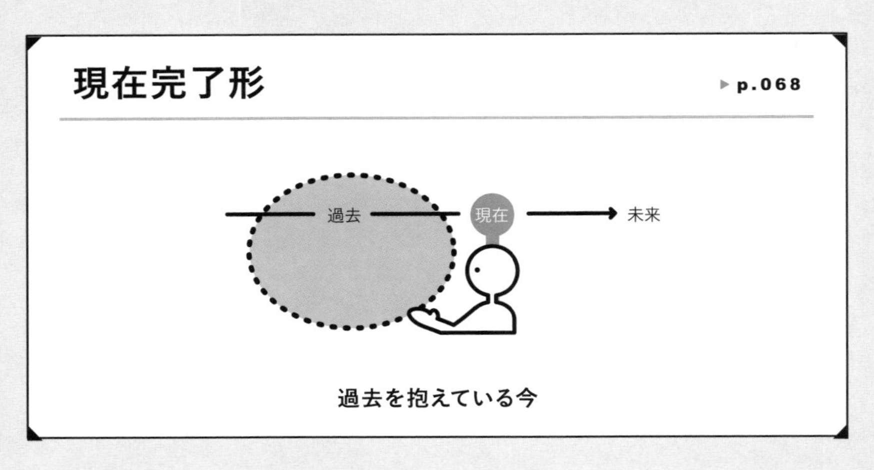

過去を抱えている今

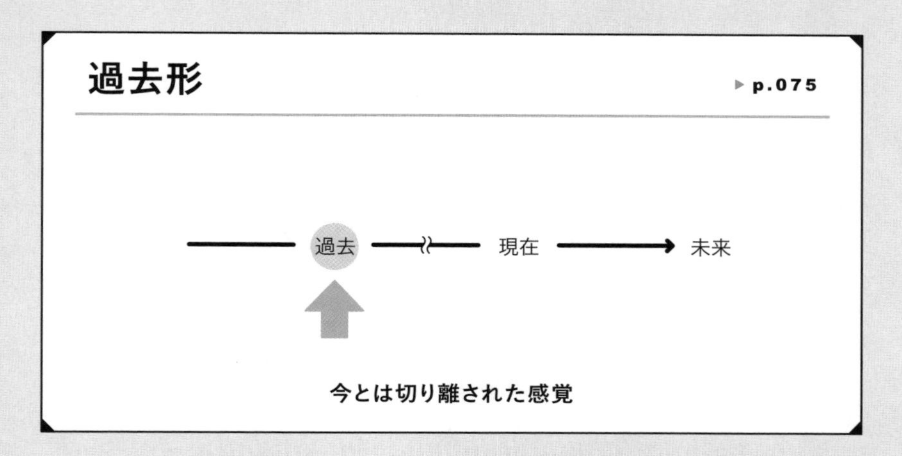
過去形
▶ p.075
過去
現在
未来
今とは切り離された感覚

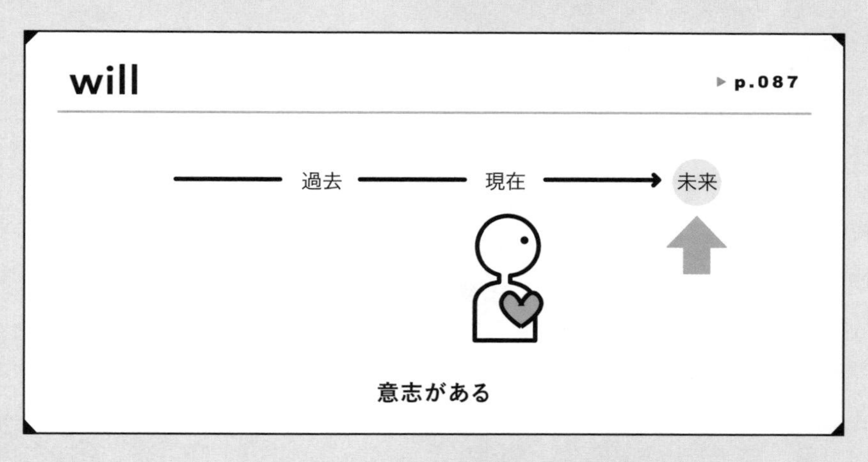
will
▶ p.087
過去
現在
未来
意志がある

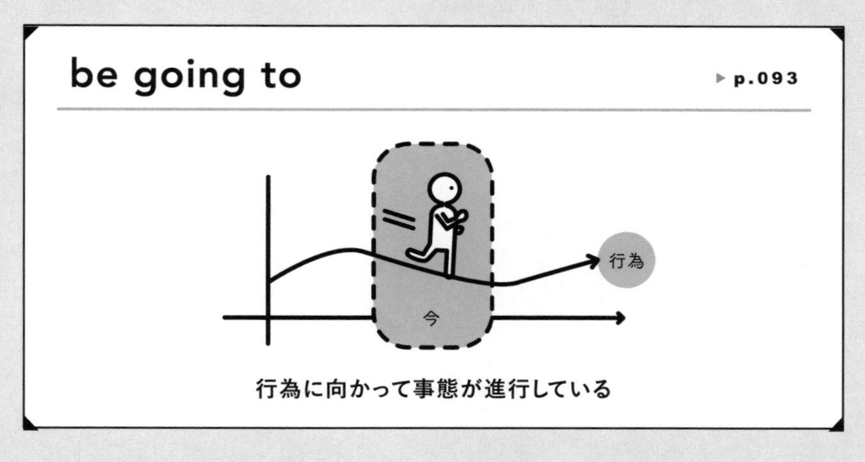
be going to
▶ p.093
行為
今
行為に向かって事態が進行している

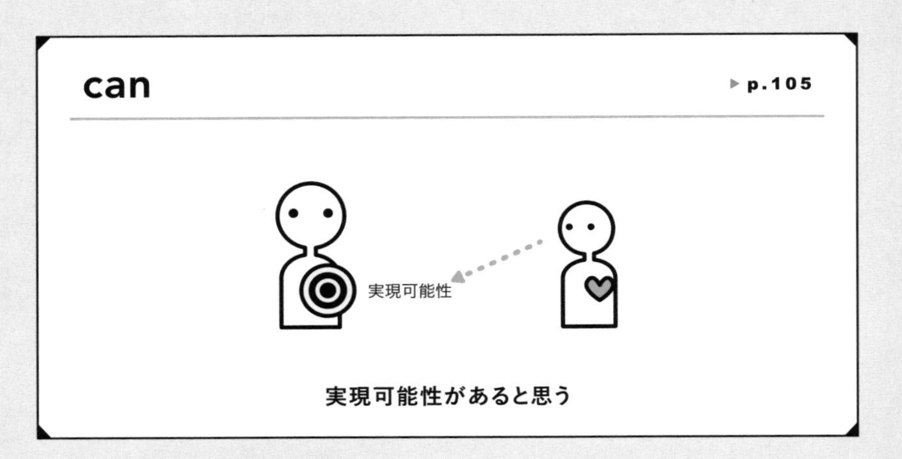
can
▶ p.105
実現可能性
実現可能性があると思う

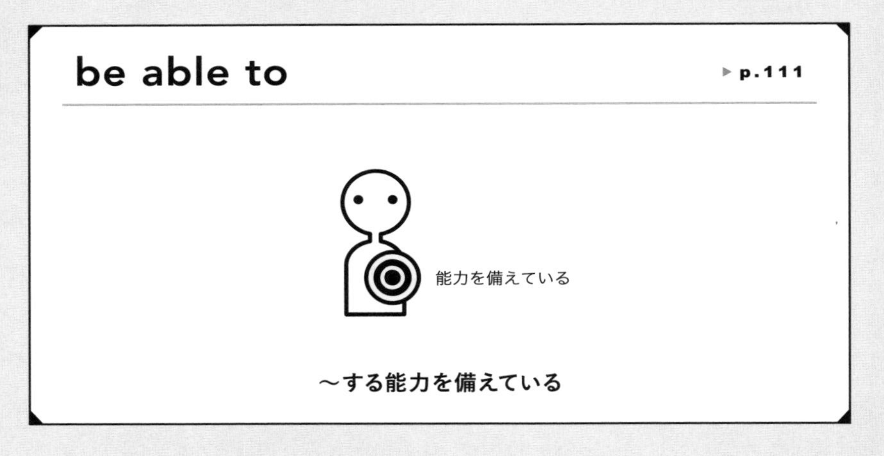
be able to
▶ p.111
能力を備えている
〜する能力を備えている

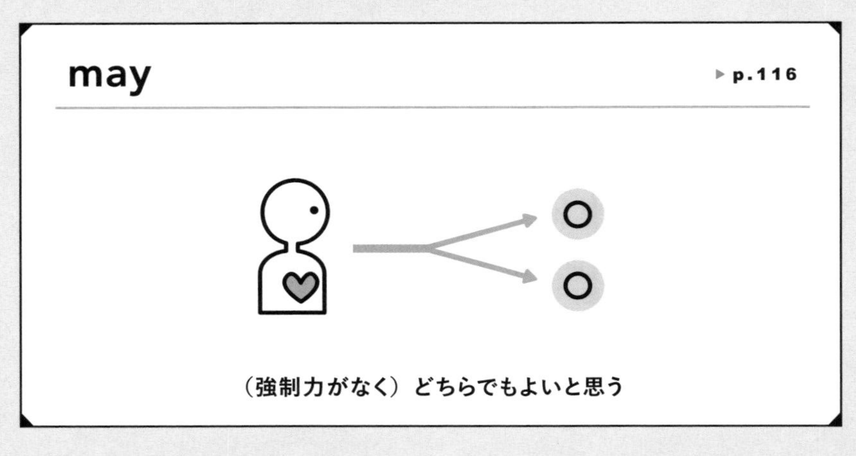
may
▶ p.116
（強制力がなく）どちらでもよいと思う

must

▶ p.124

（何か力がはたらいていて）それ以外に選択肢がないと思う

have to

▶ p.128

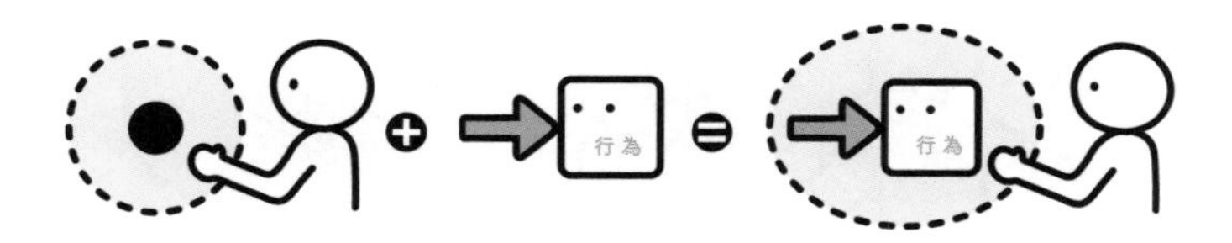

これから何かする状況を抱えている

能動態

▶ p.136

対象に対して何かをする

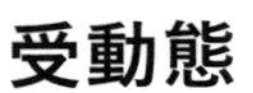

受動態

▶ p.136

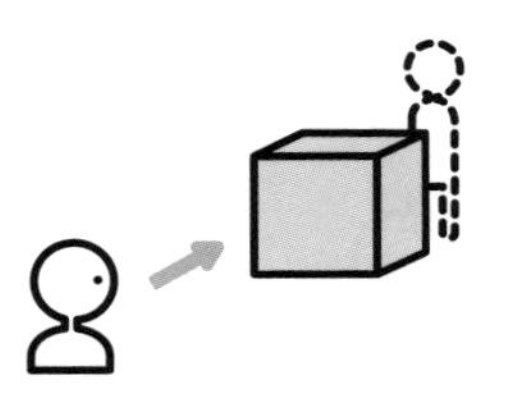

対象に視点を置き、行為者をあいまいにする

動名詞

▶ p.160

動詞が頭の中で完全に名詞化された概念

to 不定詞

▶ p.166

行為に向かう、行為と向き合う

第4文型

▶ p.186

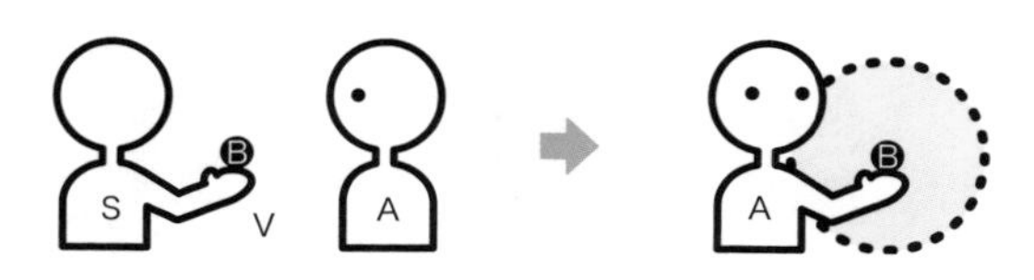

『A が B を持つ』状態を S が生み出す

the

▶ p.223

あなた（聞き手）も特定できると思う

田中茂範

TANAKA SHIGENORI

慶應義塾大学名誉教授。PEN言語教育サービス代表。コロンビア大学大学院博士課程修了。NHK教育テレビで「新感覚☆キーワードで英会話」(2006年)、「新感覚☆わかる使える英文法」(2007年)の講師を務める。JICAで海外派遣される専門家に対しての英語研修のアドバイザーを長年担当。『ランク順　入試英単語2300』『ランク順　入試英熟語1100』(Gakken)『表現英文法』(コスモピア)ほか著書多数。

コアで攻略する英文法の教科書

PRODUCTION STAFF

執筆協力
弓桁太平

イラストレーション
乃木きの

ブックデザイン
新井大輔（装幀新井）

編集協力
渡辺泰葉　佐藤玲子
吉川肇　鶴町優実

制作協力
関谷由香理　髙山春花
横山由佳

英文校閲
Joseph Tabolt
丸山大地

企画編集
髙橋龍之助（Gakken）

組版
株式会社四国写研

印刷
株式会社リーブルテック